Schwerin '83

SŁAWOMIR MROZEK

DER ELEFANT

Satiren

KARL H. HENSSEL VERLAG

BERLIN

Deutsch von Ludwig Zimmerer

Zeichnungen von Daniel Mròz

1. Auflage 1960

2. Auflage 1962

3. Auflage 1967

4. Auflage 1972

 · Satz: Saladruck · Druck: August Raabe.
Einband: Schöneberger Buchbinderei, alle in Berlin
Schutzumschlag: Förtsch – von Baumgarten
ISBN 3 87329 0634

Titelblatt der Originalausgabe

INHALT

DER BERICHT

Weil es halt in unserem gottverlassenen Dorf an Aufklärung fehlt, steckt alles voller Aberglaube. So müßte ich jetzt eines dringenden Bedürfnisses wegen auf den Hof hinaus, aber dort flattern, wie Blätter im Oktober, ganze Scharen von langohrigen Fledermäusen herum; an die Fensterscheiben schlagen sie mit ihren Flügeln, und ich hätte Angst, daß mir eine davon, gottbewahre, in die Haare geriete. Also sitze ich da, kann nicht hinaus, obwohl es pressiert, und schreibe an Euch, Genossen, meinen Bericht.

Was die Getreideablieferung betrifft: Seitdem der Teufel in der Mühle erschienen ist und mit seiner Mütze gegrüßt hat, sind die Ablieferungen zurückgegangen. Eine farbige Mütze war es: rot, weiß, blau, mit der Aufschrift „Tour de la Paix“ auf französisch. Seither machen die Bauern einen Bogen um die Mühle; der Mühlenleiter und seine Frau aber tranken sich aus Kummer einen Rausch an, und schon schien es, als bliebe alles beim alten, da übergoß der Müller die Müllerin mit Wodka und zündete sie an. Er selbst trieb sich dann herum und landete schließlich an der Volkshochschule, wo er jetzt Marxismus studiert, denn er hat, wie er sagt, genug am Irrationalen und möchte dem etwas entgegenzusetzen haben.

Die Müllerin aber ist verbrannt, und wir haben jetzt einen Nachtmahr mehr.

Ihr müßt nämlich wissen, daß es bei uns nachts ganz merkwürdig weht und weht, – das Herz krampft sich einem zusammen davon. Die einen meinen, es sei der Geist des armen Karasz, der sich auf diese Weise über die Kulaken beklagt, andere sagen, es sei der Kulak Krzywdoń, der nach seinem Tode noch über die Pflichtablieferungen jammert. Normaler Klassenkampf also! Ausgerechnet meine Hütte steht ganz einsam am Walde. Die Nacht ist schwarz, der Wald ist schwarz, und meine Gedanken gleichen Raben. Neulich saß mein Nachbar Jusienga auf einem Baumstrunk am Waldrand und las die „Horizonte der Technik"; da fuhr ihm etwas ins Kreuz, daß er drei Tage lang nicht stehen und gehen konnte.

Ratet uns, Genossen! Wir sind da ganz allein mitten im Land und rings um uns her nur Wersta und Grabhügel.

Ein Förster hat mir erzählt, daß bei Vollmond auf den Waldwegen und Schneisen Köpfe ohne Rümpfe herumtollen, einander nachjagen, sich an die kalte Stirn klopfen und heulen, als ob sie irgendwohin wollten. Sobald es dämmert, ist alles verschwunden. Dann rauschen nur die Tannen, aber ganz leise, weil auch sie Angst haben. Du guter Gott! Für nichts in der Welt würde ich jetzt hinausgehen, und wenn ich noch so sehr müßte.

Und so ist es mit allem. Ihr sagt zu uns: Europa. Aber wenn wir hier die Milch zum Sauerwerden hinstellen, kriechen auf einmal bucklige Zwerge herbei und pissen uns in die Töpfe.

Die alte Glusiowa wacht einmal ganz naß von Schweiß auf. Sie schaut, und da sitzt auf dem Federbett der kleine Kredit, der vor den Wahlen für den Bau einer Brücke bestimmt wurde und gleich darauf ohne letzte Ölung verschieden ist. Er sitzt da, ist ganz grün, lacht und würgt sie. Die Alte schreit. Aber niemand verläßt sein Haus. Denn woher soll man immer wissen, wer gerade schreit und aus welcher Haltung er es tut?

Und an der Stelle, wo die Brücke hätte sein sollen, ertrank,

eben weil sie fehlte, ein Künstler. Er war erst zwei Jahre alt, aber ein Genie, und wenn er groß geworden wäre, hätte er alles begriffen und beschrieben. Aber so fliegt er jetzt bloß in der Nacht herum und leuchtet wie ein Johanniswürmchen.

Es ist ganz klar, daß all diese Vorfälle in unserer Mentalität ihre Spuren hinterlassen. Die Leute glauben an Gespenster und Hexerei. Gestern erst wurde hinter dem Stadel von Moczasz ein Skelett gefunden. Der Pfarrer behauptet, es sei ein politisches Skelett. An die Geister Ertrunkener, an Mahre, ja sogar an Hexen glauben die Leute. Tatsächlich wohnt hier so eine Alte, die den Kühen die Milch nimmt und Weichselzöpfe bezieht. Aber wir versuchen, sie für die Partei zu gewinnen, um den Feinden des Fortschritts ein Argument aus der Hand zu winden.

O Gott, wie die mit ihren Flügeln flattern, wie die fliegen und „pi, pi“ und immer wieder „pi, pi“ pfeifen. Ja, hier ist das nicht wie in den großen Häusern, wo sich alles sicher unter dem Dach befindet und man nicht an den Waldrand zu gehen braucht, um seine Notdurft zu verrichten.

Aber das alles ist noch gar nicht das Schlimmste. Am schrecklichsten ist, daß sich jetzt, während ich dies schreibe, die Tür geöffnet hat, ein Schweinerüssel unter ihr erschienen ist und mich ganz seltsam anschaut und anschaut . . .

Habe ich es nicht gleich gesagt, daß bei uns manches anders ist?

DIE NAMENSTAGSFEIER

Ich machte meinen Antrittsbesuch bei Rechtsanwalts. Der Salon war dämmrig. Nur mit Mühe sickerte das Licht durch die Vorhänge und den dichten Asparagus. Die Frau des Hauses saß in einem Sessel, der in eine weiße leinene Schondecke gehüllt war; ihr Kleid hatte ein Muster aus großen exotischen Schmetterlingen. Jedesmal wenn auf der Straße ein schweres Fahrzeug vorbeifuhr, klirrten die gläsernen Girlanden des Kandelabers, der sich aus dem Halbdunkel über meinen Kopf neigte und die Form einer Spinne hatte. Erst als sich mein Auge an das gedämpfte Licht gewöhnt hatte, erblickte ich in der anderen Ecke, unter der Palme, eine Art Laufställchen, wie man sie für Kinder hat, nur daß dieses hier bedeutend höher war. Hinter den hölzernen Stäben saß an einem Tischchen ein Mann und stickte.

Da ihn die Frau des Hauses nicht vorstellte, ja ihm nicht die geringste Beachtung schenkte, hielt ich es für unpassend, nach ihm zu fragen, und tat, wenn auch etwas beunruhigt, als sähe ich ihn nicht. Nach Ablauf der für solche Besuche schicklichen Zeit stand ich auf, um mich zu verabschieden. Beim Hinausgehen warf ich einen neugierigen Blick auf das Laufställchen, konnte aber nur ein über die Arbeit gebeugtes Profil erblicken. Während mich Frau Rechtsanwalt bis zum Vorbau begleitete, lud sie mich herzlich zu der Namenstagsfeier ihres Gatten ein, die am kommenden Samstag stattfinden sollte.

Als Neuling kannte ich mich in den Eigenarten des Städtchens nicht aus, und für eine solche hielt ich, was ich bei

Rechtsanwalts im Salon gesehen hatte. Ich rechnete jedoch damit, daß sich bei meinem nächsten Besuch alles aufklären werde. Am Samstagabend kleidete ich mich sorgfältig an und begab mich zu der Villa.

Dank der Lichterfülle, die sich in dem in einiger Entfernung vorbeiziehenden bakelitschwarzen Fluß spiegelte, war das Haus, das stattlichste des Städtchens, schon von weitem sichtbar. Über dem Gebäude des Stadtrats sprühte ein Feuerwerk. Auf diese Weise bekundete die Ortsmiliz ihre Teilnahme an der allgemeinen Freude über den Namenstag des Rechtsanwalts. Die Pforte im Zaun war geöffnet; auf den zum Hause führenden Pfad fiel Licht aus der offenstehenden Tür. Ich ging direkt zum Salon. Das Licht des Kronleuchters blendete mich. Die Sessel waren ohne weiße Schonhüllen. Ich erblickte das rote Gesicht des Pfarrers, die gelben des Apothekers und der Frau Apotheker, sah Herrn und Frau Doktor, den Präsidenten der Genossenschaft mit seiner Gattin und den Besitzer einer dürftigen Werkstatt, die auf staatliche Bestellungen Federhalter herstellte, ebenfalls mit seiner Frau. Der Herr Rechtsanwalt kam mir selbst entgegen.

Während ich ihm meine Glückwünsche aussprach und mein Geschenk überreichte, bat mich die Frau des Hauses, sie trug heute ein Kleid mit einer Schärpe, Platz zu nehmen. Im ersten Augenblick hatte ich also keine Gelegenheit; erst als ich mich an der allgemeinen Konversation beteiligte, konnte ich mich unauffällig umsehen. Ich hatte mich nicht geirrt. In der Ecke, unter der Palme, befand sich das Laufställchen und darin der Mann, der heute etwas ordentlicher angezogen war; das Gesicht auf die Arme geneigt, schlummerte er. Sooft es die Schicklichkeit erlaubte, blickte ich in die Ecke. Die übrigen Anwesenden, alles Stammgäste bei Rechtsanwalts, schenkten der Sache keinerlei Aufmerksamkeit; sie redeten lebhaft und laut, wie es bei Namenstagsfeiern üblich ist. Vielleicht hatte der Schlafende meinen Blick gefühlt; mir war, als habe er die Lider gehoben. Gleich darauf schlief er wieder in der vorigen Haltung, die völlige Gleichgültigkeit ausdrückte.

Eine Zeitlang neckte ich unter allgemeinem Gelächter und fröhlichem Wortwechsel den Apotheker oder tauschte mit dem Pfarrer Gedanken aus, während ich mich hartnäckig aber vergeblich um die Lösung des Rätsels bemühte. Dann gingen die Flügeltüren auf, und das Personal trug einen Tisch herein, auf dem der Tafelaufsatz, Gerichte und Flaschen in vielen Farben glänzten. Jetzt erschienen auch die Kinder des Rechtsanwalts und nahmen zusammen mit uns am Tisch Platz. Der Anblick des Abendessens belebte die Gesellschaft, und nach dem ersten Toast wurde der allgemeine Lärm noch fröhlicher. Da ertönte durch das Klirren der Gläser, Messer und Gabeln, durch das silberhelle Lachen der Frauen und die donnernden Witze der Männer ein Lied. Tatsächlich, der im Laufställchen sang. „Wolga, Wolga ...". Der sehnsuchtsvolle Gesang wurde leise von einer Balalaika begleitet. Die Gesellschaft nahm dies so gleichgültig auf, als sänge ein Vogel. Dann kamen „Schwarze Augen" und dann fröhlicher „Wir vom Jugendverband ...". Schon wurde der Nachtisch aufgetragen; der Tisch war in eine Wolke von Zigarettenrauch gehüllt. Da beobachtete ich, daß die Rechtsanwaltskinder, nachdem sie ihre Mutter um Erlaubnis gefragt hatten, Kirschlikör vom Tisch nahmen, zum Laufställchen rannten und den Mann dort durch die Stäbe fütterten. Er hatte die Balalaika auf die Seite gelegt und trank in aller Ruhe; dann sang er zwei oder drei Strophen aus „Vorwärts, Soldaten der Freiheit!" oder aus dem „Lied des Traktoristen". Da ich mit dem Pfarrer in eine Diskussion über die Theorien Darwins geraten war, konnte ich nicht genau aufpassen, obwohl ich alles weiter beobachtete. Der Pfarrer argumentierte wie folgt: „Manche Leute behaupten, der Mensch stamme vom Affen ab. Eines ist sicher: Wer so daherredet, stammt selber vom Affen ab." Obwohl selbst vom Alkohol etwas umnebelt, konnte ich doch feststellen, daß das Getränk auf den Mann im Ställchen seine Wirkung nicht verfehlt hatte.

„Sie wissen gar nicht, wer das ist?" fragte lachend der Hausherr, der meine Verwunderung offensichtlich erst jetzt bemerkt hatte. „Ein Einfall meiner Frau. Sie wollte für den Salon keinen Kanarienvogel oder dergleichen, weil sie meinte, das sei zu gewöhnlich. Deshalb habe ich einen lebendigen Fortschrittler besorgt. Sie brauchen keine Angst zu haben, er ist ganz zahm."

Vergnügt blickten die Gäste auf den Mann mit der Balalaika. Der Rechtsanwalt erklärte mir weiter:

„Er stammt von hier. Ein paar Jahre lang war er wild, wissen Sie, und hat sogar manchen Schaden angerichtet. Aber jetzt ist er ganz zahm, verstehen Sie. Wir können ihn jetzt ohne weiteres im Hause halten. Er stickt, spielt Balalaika, singt. Manchmal freilich habe ich den Eindruck, als ob er irgendwie Heimweh hätte."

„Vielleicht sehnt er sich nach der Freiheit, nach Aktivität; schließlich ist er ein Fortschrittler", sagte ich schüchtern.

„Glauben Sie, daß er es hier nicht gut hat?" empörte sich der Rechtsanwalt. „Gesicherte Existenz, Ruhe, keinerlei Sorgen! Wir haben ihn so weit gebracht, daß er aus der Hand frißt. Sie haben es ja selbst gesehen. Er ist schon ganz ungefährlich. Nur am Staatsfeiertag und am Jahrestag der Revolution lassen wir ihn ein bißchen fliegen.

Aber er kommt immer zurück. Nun, unser Städtchen ist nicht groß. Wo sollte er sich da verstecken?"
Als der Rechtsanwalt mir dies mitgeteilt hatte, rollte der Mensch, von dem die Rede war, etwas die Augen. Auf seiner Stirn erschienen Falten. Unter diesem Blick erstarrte der Pfarrer – die Gabel mit einem Stück Emmentaler auf halbem Wege zum Munde. Die Gespräche verstummten, und nur das Löffelchen, das der Genossenschaftspräsident hatte fallen lassen, klirrte. Sogar der Rechtsanwalt war plötzlich ernst geworden. Jener aber nahm, mit unverwandt auf die festliche Gesellschaft gerichtetem Blick, die Balalaika an die Brust und sang: „Auf die Barrikaden, du Arbeitsvolk . . ."
Die Entspannung war allgemein. Der Geistliche aß seinen Emmentaler, und alle hörten mit Interesse auf das Lied. „Erstklassig!" rief fröhlich der Rechtsanwalt und schlug sich auf die Schenkel. Der Apotheker kugelte sich vor Lachen; der Genossenschaftspräsident hatte Tränen in den Augen. Nur Frau Rechtsanwalt war unzufrieden.
„Kätzchen", sagte sie zu ihrem Mann, „es ist schon spät, meinst du nicht, daß die Kinder zu Bett sollten? Ihn decken wir zu, damit er heute nicht mehr singt."
„Gut!" rief der Rechtsanwalt. „Der Fortschrittler soll jetzt schlafen."
Spät in der Nacht kam ich, als einer der letzten Gäste von Rechtsanwalts herzlich verabschiedet, beim Weggehen an dem Laufställchen vorbei. Eine Plüschdecke mit violetten Blumen war darübergebreitet. Aber mir war, als ertöne darunter ein leises Klimpern der Balalaika, und ich glaubte auch, einen Gesang, ja sogar die Worte: „. . . zum letzten Gefecht . . .", zu vernehmen.

DER SCHNEEMANN

In diesem Winter fiel Schnee, soviel man nur wünschen konnte. Auf dem Marktplatz errichteten die Kinder einen Schneemann.

Es war ein geräumiger Marktplatz, über den täglich viele Menschen gingen. Die Fenster zahlreicher Ämter sahen auf ihn. Der Marktplatz machte sich nichts daraus; er lag einfach so da. Genau in seiner Mitte bauten die Kinder unter Lärm und Freudenschreien den drolligen Kerl.

Sie rollten den Schnee zu einer großen Kugel, das war der Bauch, dann zu einer kleineren, für Rücken und Schultern, und schließlich zu einer noch kleineren, aus der sie den Kopf formten. Aus schwarzen Kohlebröckchen machten sie dem Schneemann Knöpfe, so daß er sich von oben bis unten zuknöpfen konnte. Seine Nase war eine Rübe – ein ganz gewöhnlicher Schneemann also, wie sie jährlich zu Tausenden im ganzen Lande entstehen, wenn die Schneefälle es gestatten.

Die Kinder hatten ihren Spaß daran und waren sehr glücklich.

Verschiedene Leute kamen vorbei, sahen sich den Schneemann an und gingen weiter. Die Verwaltungen verwalteten, als wäre nichts geschehen.

Der Vater freute sich darüber, daß seine Kinder in der frischen Luft herumtobten, daß sie davon rote Backen bekämen und einen guten Appetit nach Hause brächten.

Aber am Abend, als schon alle daheim waren, klopfte jemand an die Tür. Es war der Zeitungsverkäufer, der am Marktplatz sein Büdchen hatte. Er entschuldigte sich, daß er so spät noch störe, aber er halte es für seine Pflicht, mit dem Vater ein offenes Wort zu sprechen. Sicherlich, die Kinder seien noch klein, man sehe es ja, aber man müsse jetzt schon auf sie aufpassen, sonst würde aus ihnen nichts Gescheites. Nur aus dem Grunde sei er gekommen, andernfalls hätte er sich nicht unterstanden; es gehe ihm nur um das Wohl der Kinder; ihre Erziehung sei ihm ein Herzensanliegen. Er komme dieser Rübennase wegen, die die Kinder dem Schneemann gemacht hätten. Es sei eine rote Nase. Er, der Zeitungsverkäufer, habe auch eine rote. Weil er sie sich einmal erfroren hätte und keineswegs vom Schnapstrinken. Aber das sei doch wohl kein Grund, ihn in aller Öffentlichkeit dieser roten Nase wegen zu verspotten. Er möchte also bitten, daß so etwas nicht mehr vorkäme, wie gesagt, nur aus erzieherischen Gründen.

Der Vater war von diesen Bemerkungen stark beeindruckt. Natürlich haben sich die Kinder über niemanden lustig zu machen, selbst wenn der Betreffende eine rote Nase hat, – auch wenn sie das jetzt noch nicht verstehen. Er rief die Kleinen herbei und fragte sie streng, indem er auf den Zeitungsverkäufer wies:

„Ist es wahr, daß ihr dem Schneemann eine rote Nase gemacht habt, um diesen Herrn hier zu verspotten?“

Die Kinder waren so aufrichtig verwundert, daß sie zunächst gar nicht verstanden, worum es ging. Als sie endlich begriffen, erklärten sie steif und fest, nichts dergleichen sei ihnen in den Sinn gekommen.

Aber für alle Fälle gab ihnen der Vater zur Strafe kein Abendessen.

Der Zeitungsmann bedankte sich und ging. Unter der Tür stieß er auf den Vorsitzenden der Gemeindegenossenschaft. Dieser begrüßte den Hausherrn, dem es sehr angenehm war, eine immerhin so wichtige Persönlichkeit unter seinem

Dach empfangen zu dürfen. Als der Herr Vorsitzende die Kinder erblickte, runzelte er die Stirn und sagte barsch: „Gut, daß ich sie sehe, die Bengel. Sie sollten ihnen die Zügel etwas strammerziehen. Noch so klein und schon so frech! Schaue ich da heute aus den Fenstern unseres Magazins auf den Marktplatz, – und was sehe ich? Die machen ganz ruhig einen Schneemann."

„Ach, es handelt sich um die Nase ...", warf der Vater dazwischen.

„Was geht mich die Nase an! Aber stellen Sie sich vor, erst machen sie eine Kugel, dann eine zweite und eine dritte. Dann stellen sie die zweite auf die erste und die dritte auf die zweite. Ist das nicht empörend?"

Da der Vater nicht verstand, wurde der Vorsitzende noch aufgeregter.

„Aber das ist doch ganz klar, was sie auf diese Weise zu verstehen geben wollten. Sie wollten damit sagen, daß in unserer Gemeindegenossenschaft ein Dieb auf dem andern sitzt. Das ist eine Verleumdung. Selbst wenn man so etwas in die Zeitung bringt, muß man Beweise dafür haben und erst recht, wenn man auf dem Marktplatz darauf öffentlich anspielt." Aber er, der Vorsitzende, wolle des jungen Alters und seiner Unbedachtheit wegen Nachsicht üben; er verlange daher keinen Widerruf, nur dürfe dergleichen nicht noch einmal vorkommen.

Auf die Frage, ob sie tatsächlich zu verstehen geben wollten, daß in der Gemeindegenossenschaft ein Dieb auf dem andern sitze, als sie ihre Schneekugeln aufeinanderstellten, schüttelten die Kinder den Kopf und brachen in Tränen aus. Aber der Vater schickte sie zur Vorsorge in die Ecke.

Damit war dieser Tag jedoch noch nicht zu Ende. Draußen ertönten die Glöckchen eines Schlittens, die plötzlich unmittelbar vor dem Hause verstummten. An die Tür klopften zwei Männer auf einmal. Ein Unbekannter in einem Schafsfellmantel und der Herr Vorsitzende des Nationalrates persönlich.

„Bürger, wir kommen Eurer Kinder wegen“, sagten sie im Chor schon von der Schwelle aus.

Der Vater war jetzt schon an solche Besuche gewöhnt; er schob also Stühle heran, damit sich die beiden setzen konnten. Der Vorsitzende schaute verstohlen auf den Unbekannten und fragte sich verwundert, wer das sein könne. Dann begann er als erster:

„Ich bin erstaunt, daß Sie in Ihrem Hause feindliche Propaganda dulden. Vermutlich haben Sie keinerlei politisches Bewußtsein. Am besten ist, Sie geben es gleich zu.“

Der Vater verstand nicht, warum er kein politisches Bewußtsein haben solle.

„Man sieht es nämlich gleich an Ihren Kindern. Wer verspottet die Organe des Arbeiter- und Bauernstaates? Ihre Kinder tun das. Sie haben diesen Schneemann genau vor den Fenstern meiner Kanzlei aufgestellt.“

„Ich verstehe“, seufzte der Vater verzagt, „es handelt sich um diese Anspielung auf Diebstahl ...“

„Diebstahl? Unsinn! Aber wissen Sie denn nicht, was die Aufstellung eines Schneemannes direkt vor dem Fenster des Nationalratsvorsitzenden bedeuten soll? Ich weiß genau, was böse Zungen über mich sagen. Warum stellen Ihre Kinder denn nicht dem Adenauer einen Schneemann vors Fenster? Ha, da schweigen Sie. Ein beredtes Schweigen, mein Herr. Ich kann daraus meine Konsequenzen ziehen.“

Beim Wort „Konsequenzen“ stand der dicke Unbekannte auf, sah sich im Zimmer um und ging dann ganz leise, auf den Zehenspitzen, hinaus. Vor dem Fenster ertönten wieder die Schlittenglöckchen, dann wurde ihr Klingeln allmählich leiser und verlor sich schließlich in der Ferne.

„Ja, mein lieber Freund, ich rate Ihnen, darüber einmal nachzudenken", fuhr der Vorsitzende fort. „Aha, und noch eins. Wenn ich manchmal mit offenem Hosentürchen aus dem Haus gehe, dann ist das meine private Angelegenheit. Ihre Kinder haben kein Recht, darüber Witze zu reißen. Daß dieser Schneemann von oben bis unten Knöpfe hat, ist nämlich sehr zweideutig. Ich erkläre Ihnen noch einmal, wenn es mir paßt, dann gehe ich überhaupt ohne Hose aus dem Haus, und Ihre Kinder geht das gar nichts an. Merken Sie sich das!"

Der Angeschuldigte rief seine Kinder aus der Ecke und verlangte, sie sollten auf der Stelle zugeben, daß sie bei der Anfertigung des Schneemanns an den Herrn Vorsitzenden gedacht hätten und daß die Knöpfe eine zusätzliche geschmacklose Anspielung auf den Umstand seien, daß dem Herrn Vorsitzenden gelegentlich einige Knöpfe offenstünden.

Unter Schluchzen und Tränen versicherten die Kinder, daß sie ihren Schneemann einfach so, zu ihrem Vergnügen und ganz ohne Hintergedanken gemacht hätten. Zur Vorsicht aber ließ der Vater sie nicht nur ohne Abendessen, schickte sie nicht nur in die Ecke, sondern befahl ihnen auch noch, auf dem harten Fußboden niederzuknien.

Noch einigemale wurde an diesem Abend an die Tür geklopft, aber der Vater öffnete nicht mehr.

Am nächsten Tag kam ich an einem Gärtchen vorbei, wo die Kinder spielten. Der Marktplatz war ihnen verboten. Die Kinder besprachen gerade, was sie spielen sollten.

„Machen wir einen Schneemann", schlug das erste vor.

„Ach, so ein gewöhnlicher Schneemann, das ist doch nichts", sagte das zweite.
„Gut, dann machen wir den Mann, der die Zeitungen verkauft. Er bekommt eine rote Nase; denn er hat eine rote – vom Schnapssaufen. Er hat es gestern selbst zugegeben", erklärte das dritte.
„Quatsch, ich mache die Genossenschaft."
„Und ich mache den Herrn Vorsitzenden, denn der ist sowieso ein Schneemann. Und Knöpfe bekommt er, weil ihm immer das Hosentürl offensteht."
Die Kinder stritten sich, aber dann beschlossen sie, alles der Reihe nach auszuführen. Eifrig begaben sie sich an die Arbeit.

DER PROZESS

Dank ausdauernder Bemühungen und unermüdlicher Arbeit konnte das Ziel endlich erreicht werden. Alle Schriftsteller waren uniformiert, eingeteilt in Ränge und Abteilungen. Ein für allemal waren damit Chaos, Mangel an verbindlichen Kriterien, ungesundes Artistentum, Unklarheit und Unschlüssigkeit in der Kunst beseitigt. Die Uniformen hatte die Zentrale entworfen, die Einteilung in Grade und Bezirke war die Frucht einer langwierigen, vom Hauptvorstand durchgeführten Vorbereitungsarbeit. Nunmehr war jedes Mitglied des Schriftstellerverbandes verpflichtet, eine Uniform zu tragen – weite violette Hose mit einem Streifen, grüner Leibrock, Koppel und Tschako. Trotz ihrer scheinbaren Einfachheit wies diese Tracht viele Unterschiede auf. Die Mitglieder des Hauptvorstandes trugen Dreimaster mit goldenen Tressen, die Mitglieder der Ortsvorstände Dreimaster mit silbernen Tressen. Die Präsidenten waren mit Degen, die Vizepräsidenten mit Hirschfängern ausgestattet. Alle waren in Formationen ihrem literarischen Fach gemäß eingeteilt. Es entstanden zwei Dichterregimenter, drei Prosaikerdivisionen und ein aus verschiedenen Elementen zusammengesetzter Exekutionszug. Die Kritiker wurden von der Neuordnung am meisten betroffen, ein Teil von ihnen kam auf die Galeeren, der Rest zur Gendarmerie.

Die Ränge reichten vom Gemeinen bis zum Marschall. Bei der Einteilung spielten die Zahl der vom betreffenden Schriftsteller bisher veröffentlichten Wörter, der Beugungswinkel seines ideologischen Rückgrates, sein Alter, seine Ämter bei der Regierung oder der Selbstverwaltung eine Rolle. Zur Unterscheidung wurden farbige Kennzeichen eingeführt.

Die Vorzüge der neuen Ordnung waren offensichtlich. Jetzt wußte jeder sofort, was er von einem bestimmten Schriftsteller zu halten hatte. Es war klar, daß ein Schriftsteller-General keine schlechten Romane schreiben konnte, daß die besten Romane aber den Schriftsteller-Marschall zum Autor hatten. Dem Schriftsteller-Obersten konnten schon gelegentlich Fehler unterlaufen, dennoch war er auf jeden Fall bedeutend talentierter als der Schriftsteller-Major. Die Verläge hatten es jetzt leicht. Sie konnten in Prozenten errechnen, um wieviel mehr sich ein Werk zur Veröffentlichung eignete, wenn es von einem Schriftsteller-Brigadier, statt von einem Schriftsteller-Leutnant eingesandt war. Die Honorarfrage wurde in der gleichen Weise behandelt.

Selbstverständlich durfte ein Kritiker-Schriftsteller-Hauptmann das Werk eines Verfassers vom Range eines Schriftsteller-Majors aufwärts nicht mehr kritisieren. Nur der Kritiker-Schriftsteller-General konnte eine negative Meinung über das Werk eines Schriftsteller-Obersten äußern.

Auch nach außen hatte die neue Ordnung viele Vorzüge. Bei allen Vorbeimärschen, wo die Schriftsteller früher im Vergleich zu den Sportverbänden recht grau gewirkt hatten, leuchteten jetzt ihre Epauletten. Es glänzten die Streifen, blitzten Degen und Hirschfänger der Präsidenten und Vizepräsidenten, die Tschakos der ganzen Abteilung. Die Popularität der Schriftsteller wuchs ungeheuer.

Schwierigkeiten machte die Einteilung eines wilden Schriftstellers, der eigentlich Prosa schrieb, dessen Werke aber zu kurz für Romane und zu lang für Erzählungen waren. Außerdem hieß es, diese Prosa sei lyrisch mit satirischem Einschlag; andere gaben zu erwägen, der Wilde schreibe Feuilletons, die eigentlich kleine Erzählungen seien und die Kennzeichen des kritischen Essays aufwiesen. Man konnte ihn weder der Prosa noch der Lyrik zuteilen, und andererseits lohnte es sich nicht, für ihn allein eine ganz neue Abteilung aufzumachen. Manche schlugen vor, man solle ihn ausschließen. Schließlich erhielt er zur Unterscheidung eine orangefarbene Hose, den Rang eines Gemeinen und wurde in Ruhe gelassen. Das ganze Land sah in ihm einen Schandfleck. Sein Ausschluß wäre nichts Außergewöhnliches gewesen. Schon vorher hatte man einige Schriftsteller ausstoßen müssen, da sie ihres schlechten Körperbaus wegen in der Uniform wenig vorteilhaft wirkten.

Bald jedoch konnte sich die Allgemeinheit davon überzeugen, wie töricht es war, diesen Wilden in den Reihen des Verbandes zu lassen. Er veranlaßte einen Skandal, der die schönen und leuchtenden Prinzipien der Autorität schwer verletzte.

Eines Tages erging sich auf einem Boulevard der Hauptstadt ein bekannter und geachteter Schriftsteller-Generalleutnant. Ihm kam jener Schriftsteller-Gemeine mit der orangefarbenen Hose entgegen. Der Schriftsteller-Generalleutnant sah mit Verachtung auf ihn und erwartete, der andere werde salutieren. Plötzlich jedoch erblickte er am Tschako des Schriftsteller-Gemeinen die höchste Auszeichnung, die nur der Schriftsteller-Marschall trug, eine kleine rote Rosette. Der Respekt vor der Hierarchie war in dem Schriftsteller-Generalleutnant so tief verwurzelt, daß er sich keine Gedanken über die Seltsamkeit seiner Wahrnehmung machte, vielmehr Haltung annahm und mit großer Achtung als erster salutierte. Verwundert verbeugte sich der Schriftsteller-Gemeine so tief, daß das Marienkäferchen, das auf seinem Tschako saß und das der Schriftsteller-Generalleutnant für das Zeichen des höchsten Ranges gehalten hatte, seine Flügelchen öffnete und wegflog. Verärgert und gedemütigt ließ der Schriftsteller-Generalleutnant sofort den Kritiker vom Dienst kommen. Dieser führte den Schriftsteller-Gemeinen zur Hauptwache im Haus der Literatur, wo ihm auf der Stelle die Füllfeder abgenommen wurde.

Der Prozeß fand im Kunstpalast der Metropole statt. Im langen Marmorsaal blitzten die Epauletten der Richter. Die Generalität hatte an einem Tisch aus Mahagoni und Gold Platz genommen, dessen glatte Oberfläche die Orden und Auszeichnungen widerspiegelte. Der Schriftsteller-Gemeine mit der orangefarbenen Hose war angeklagt, unrechtmäßig eine seinem Range nicht zustehende Auszeichnung getragen zu haben.

Der Angeklagte hatte jedoch Glück. Am Vortage des Prozesses hatte eine Sitzung des Kulturrates stattgefunden. Dort waren das seelenlose Verhalten zu den Künstlern

und die administrative Reglementierung der Kunst gerügt worden. Das Echo dieser Beratung machte sich auch im Gerichtssaal bemerkbar. Der Kritiker-Schriftsteller-Vizemarschall ergriff selbst das Wort.

„Wir dürfen gegen den Angeklagten nicht bürokratisch vorgehen, sondern müssen in den Kern der Sache eindringen. Es besteht kein Zweifel, daß hier eine Verletzung der Prinzipien vorliegt, denen wir trotz einiger Fehler den glänzenden Aufschwung unserer Literatur verdanken. Aber ist der Angeklagte in allem ein bewußter, aktiver Verbrecher? Wir müssen tiefer forschen, um die Ursachen und nicht nur die Folgen zu sehen. Wer hat den Angeklagten in diesen traurigen Zustand gebracht? Wer hat ihn depraviert und seinen anfänglichen Mangel an Bewußtsein ausgenützt? Wie war die schöpferische Atmosphäre, die zur Krise führte? Wen sollen wir bestrafen, um solchen Prozessen für die Zukunft vorzubeugen?

Nein, Kollegen, nicht der Angeklagte ist der Hauptmissetäter. Er war lediglich das Werkzeug in den Händen des Marienkäfers. Getrieben vom Haß gegen die Grundsätze unserer neuen Hierarchie, schäumte dieses Tier vor Wut beim Anblick unserer Errungenschaften, die wir gerade der absoluten Klarheit unserer Kriterien, der vollendeten Organisation unseres Verbandslebens verdanken, und setzte sich verräterisch auf den Tschako des Angeklagten, um dort das Kennzeichen des Marschalls nachzuahmen. Diesem Tier war unsere Hierarchie ein Dorn im Auge. Lasset uns also den Arm und nicht das blinde Schwert bestrafen!"

Die Rede wurde als Vorstoß zu den Wurzeln des Übels begrüßt. Den Schriftsteller-Gemeinen rehabilitierte man; eine neue Anklageschrift gegen das Marienkäferchen wurde verfaßt.

Ein in den Garten entsandter Kritiker-Zug fand das Tier auf einem Fliederblatt, wo es seine ruchlosen Pläne spann. Es verteidigte sich nicht, da es wußte, daß es bereits demaskiert war. Auch dieser Prozeß fand im Marmorsaal statt. Das Marienkäferchen wurde auf den Mahagonitisch gelegt und mit einem Glasteller bedeckt, damit es nicht entfliehen konnte. Alle rissen die Augen auf, um das rote Pünktchen auf der schwarzen Tischplatte sehen zu können. Ungebeugt in seiner Verworfenheit bewahrte der Angeklagte bis zum Schluß ein verächtliches Schweigen.
Am nächsten Tag im Morgengrauen wurde er erschossen mit Hilfe des vierbändigen neuesten Romans des Schriftsteller-Marschalls, eines Werkes, das auf Kreidepapier und mit einem festen Einband erschienen war. Man ließ die vier Bände nacheinander aus eineinhalb Meter Höhe auf den Verurteilten fallen. Vermutlich mußte er nicht lange leiden.
Der Schriftsteller-Gemeine mit der orangefarbenen Hose geriet in den Verdacht, daß er trotz allem im Einverständnis mit dem Verbrecher gehandelt habe, und man hielt es sogar für möglich, daß ihn mit diesem noch mehr verband; denn er weinte, als er das Urteil erfuhr und bat, man möge das Marienkäferchen in die Freiheit, in den Garten entlassen.

DER SCHWAN

Im Park befand sich ein Teich. Seine Zierde war ein Schwan. Eines Tages war der Schwan verschwunden. Halbstarke hatten ihn gestohlen.

Der Vorstand der Städtischen Grünanlagen besorgte einen neuen Schwan. Um ihm das Los seines Vorgängers zu ersparen, wurde ihm ein eigener Wächter zugeteilt.

Dieser war ein alter, seit Jahren vereinsamter Mann. Als er seinen Posten antrat, begann es abends bereits kalt zu werden. Niemand kam mehr in den Park. Der Alte ging um den Teich herum, paßte auf den Schwan auf und sah manchmal in die Sterne. Ihn fror. Er hatte Lust, auf einen Sprung in die kleine Wirtschaft in der Nähe des Parkes zu gehen. Schon wollte er sich auf den Weg machen, als ihm der Schwan einfiel. Er befürchtete, dieser könne während seiner Abwesenheit gestohlen werden. Dann verlöre er seinen Posten. Er verzichtete also auf den Gang.

Aber die Kälte quälte ihn immer mehr und vertiefte seine Einsamkeit. Schließlich beschloß er zusammen mit dem Schwan in die Wirtschaft zu gehen. Selbst wenn jemand in den Park käme, um sich der schönen Natur zu erfreuen, würde er das Fehlen des Schwans nicht sofort bemerken. „Die Nacht ist sternklar, aber ohne Mondschein, und wir kommen gleich zurück“, dachte er und nahm den Schwan mit.

Die Wirtschaft war voll Wärme und Bratenduft. Der Alte setzte den Schwan sich gegenüber auf einen Stuhl, um ihn im Auge zu behalten. Dann bestellte er ein bescheidenes Mahl und ein Gläschen Wodka, um sich aufzuwärmen.

Als er sein Hammelfleisch mit Lust und Zufriedenheit verzehrte, fiel ihm auf, daß ihn der Schwan ganz eigenartig ansah. Der Vogel tat ihm leid. Solange dieser vorwurfsvolle Blick auf ihm ruhte, konnte er nicht essen. Er rief den Kellner und bestellte für den Schwan eine in warmem, gezuckertem Starkbier aufgeweichte Semmel. Der Schwan wurde fröhlich, und nachdem sie ihr Mahl beendet

hatten, kehrten beide munter und zufrieden auf ihren Posten zurück.
Am nächsten Abend war es wieder kalt. Die Sterne glänzten besonders stark, und jeder Stern war wie ein kalter Nagel im warmen, einsamen Herzen des Alten. Aber er kämpfte gegen die Versuchung.
In der Mitte des Teichs schwamm als sanft leuchtender weißer Fleck der Schwan.
Bei dem Gedanken, welch ein Schauer jeden durchdringen müsse, der in einer solchen Nacht mit Wasser in Berührung käme, wurde der Alte ganz gerührt. Sollte der arme Schwan gar nichts vom Leben haben? Bestimmt würde er lieber in einer warmen Ecke sitzen und etwas essen.
Er nahm also den Vogel unter den Arm und begab sich in die Wirtschaft.
Und wieder kam ein Abend, und wieder überfiel Melancholie den Alten. Aber diesmal war er fest entschlossen, nicht in die Wirtschaft zu gehen. Gestern auf dem Nachhauseweg hatte der Schwan getanzt und unglaubliche Sachen gesungen.
Als er am Ufer saß und in den Himmel oder in den leeren, beißend kalten Park blickte, fühlte er plötzlich ein zaghaftes Zupfen an seinem Hosenbein. Der Schwan war ans Ufer geschwommen, um ihn an etwas zu erinnern. Da gingen sie.
Einen Monat später wurde der Alte zusammen mit dem Schwan entlassen. Der Schwan torkelte am hellichten Tage auf dem Wasser. Die Mütter, die mit ihren kleinen Kindern in den Park kamen, um sich zu erholen und den Vogel anzusehen, hatten sich beschwert. Der Kinder wegen.
Daraus ersieht man, daß moralische Haltung auch für den bescheidensten Posten erforderlich ist.

LILIPUTANER

Es war einmal ein Liliputanertheater, das unter dem Namen „Kleinwinzig“ auftrat. Ein solides, ständiges Ensemble, das mindestens viermal in der Woche eine Vorstellung gab und sich mutig mit den Gegenwartsproblemen auseinandersetzte; kein Wunder also, daß es eines Tages vom Kulturministerium in den Rang eines Musterliliputanertheaters erhoben wurde und einen neuen Namen erhielt, der in seiner allgemein verbreiteten Form „Zentrales Kleinwinzig“ lautete. Dies schuf ihm günstige Arbeitsbedingungen, und es war der Traum eines jeden Liliputaners, war er nun Amateur oder Fachmann, in diesem Theater eine Stelle zu erhalten. Aber das Ensemble war komplett und verfügte über hervorragende Kräfte. Zu seinen glänzendsten Sternen gehörte ein Liliputaner, der, weil er der kleinste war, die Rolle der jugendlichen Liebhaber und Helden spielte. Er verdiente gut, hatte Erfolg, und die Theaterkritiker unterstrichen immer wieder seine hervorragende Technik. Den Hamlet spielte er einmal so vollkommen, daß ihn das Publikum, obwohl er auf der Bühne war, überhaupt nicht sah, so klein, so rassig, so einmalig klein war er. Sozial im Inhalt und liliput in der Form! Wenn das Theater stand, so hatte es das vor allem ihm zu verdanken.

Als er sich eines Tages in der Garderobe schminkte, es war vor der Premiere von „Boleslaw dem Kühnen“, wo er die Hauptrolle zu spielen hatte, merkte er, daß der Spiegel die goldene Krone auf seinem Haupte nicht wiedergab. Einen Augenblick später, beim Hinausgehen, stieß er mit der Krone an den Türbalken, so daß sie zu Boden fiel und metallisch scheppernd wie ein eisernes Kohlebecken wegrollte. Er hob sie auf und begab sich auf die Bühne. Als er nach dem ersten Akt in die Garderobe zurückkehrte, bückte er sich instinktiv. Das Gebäude des „Zentralen Kleinwinzig" war aus Subventionen, Marmor und künstlichem Lehm, den man bis von Nowosibirsk herbeigeschafft hatte, speziell für das Ensemble und seinen Maßen entsprechend gebaut.

„Boleslaw der Kühne" wurde noch häufig aufgeführt. Unser Schauspieler gewöhnte sich daran, sich zu bücken, wenn er die Garderobe betrat oder verließ. Einmal jedoch fing er den Blick des alten Theaterfriseurs auf, der auch ein Liliputaner war, aber kein ganz kleiner und deshalb nur zum Hilfspersonal gehörte; dieser war verbittert und steckte voll Neid. Sein Blick war aufmerksam und finster. Mit ungutem Gefühl betrat der Schauspieler die Bühne. Lange Zeit hindurch verließ ihn dieses Gefühl nicht mehr. Damit wachte er auf und schlief ein, obwohl er es zu vergessen trachtete. Er tat, als merke er nichts und verteidigte sich insgeheim vor dem Verdacht, der in ihm zu keimen begann. Aber die Zeit brachte ihm keine Beruhigung. Im Gegenteil. Schließlich mußte er sich beim Verlassen der Bühne auch dann bücken, wenn er keine Kopfbedeckung trug. Im Korridor stieß er auf den Friseur.

Da beschloß er, der Wahrheit in die Augen zu sehen. Schon die oberflächliche Messung, die er bei vorgezogenen Stores in seinem eleganten kleinen Appartement vollzog, sagte ihm alles. Es gab keinen Zweifel: Er wuchs.

Den Abend verbrachte er bei einem Glas Grog wie gelähmt im Sessel und blickte unverwandt auf die Photographie seines Vaters, der ebenfalls Liliputaner war. Am nächsten Tag schnitt er sich die Absätze ab. Er hoffte, es handle sich um einen vorübergehenden Prozeß und später werde sogar eine Regression einsetzen. Eine Zeitlang halfen die abgeschnittenen Absätze. Aber als er eines Tages in Anwesenheit des alten Friseurs absichtlich in gerader Haltung die Garderobe verließ, schlug er sich eine Beule an die Stirn. In den Augen des andern blitzte Hohn.

Warum wuchs er? Warum waren nach so vielen Jahren plötzlich seine Hormone aus der Lethargie erwacht? Er klammerte sich an eine Hypothese. Oft hatte er die Propagandaformel gehört: „Die Menschen wachsen in unserer Ordnung." Gewöhnliche Menschen, sicherlich! Aber auch Liliputaner? Für alle Fälle gab er es auf, Radio zu hören; er stellte die Lektüre der Zeitungen ein, und bei der ideologischen Schulung ließ er sich schrecklich gehen. Er redete sich ein, ein asoziales Individuum zu sein, und trotz des Widerwillens, den er dabei gegen sich selbst empfand, versuchte er sogar den Imperialismus zu verteidigen. Aber all das war künstlich, denn der Klasseninstinkt, den er von seinem Vater, einem Liliputaner-Armen ererbt hatte, ließ sich nicht erschüttern. Aus Verzweiflung geriet er von einem Extrem ins andere, lumpte in den Kinderschulen herum und soff ganze Fingerhüte voll, um sein Unglück zu betäuben. Die mitleidlose Zeit jedoch fügte, langsam aber stetig, seinem Wuchs Millimeter um Millimeter hinzu. Ob das Ensemble schon Bescheid wußte? Mehrfach beobachtete er, wie der alte Friseur hinter den Kulissen mit den anderen Schauspielern flüsterte. Wenn er hinzutrat, verstummten sie und wechselten dann banale Redewendungen. Aufmerksam forschte er in den Gesichtern seiner Kollegen, konnte aber nicht schlau daraus werden. Ältere Damen fragten ihn auf der Straße immer seltener: „Kleiner, hast du deine Mama verloren?" Eines Tages sagte das erstemal jemand „Bitte sehr, mein Herr!" zu ihm. Er kehrte nach Hause zurück, warf sich auf seinen kleinen Diwan und lag regungslos, unverwandt auf die Decke starrend. Aber schließlich mußte er seine Haltung verändern, weil ihm die über den zu kurz gewordenen Diwan hinausstehenden Füße eingeschlafen waren.

Schließlich gab es keinen Zweifel mehr, was die Kollegen vom „Zentralen Kleinwinzig" betraf. Sie wußten Bescheid oder dachten sich ihr Teil. Er hatte den Eindruck, daß die früher so enthusiastischen Rezensionen immer mehr verstummten und auch anerkennende Erwähnungen seltener wurden. Aber vielleicht sah nur seine fiebrige Einbildungskraft überall Blicke voll Mitleid oder Hohn. Glücklicherweise änderte die Direktion nicht ihre Einstellung zu ihm. Im „Boleslaw dem Kühnen" hatte er beträchtlichen Erfolg, nicht so wie im „Hamlet" zwar, aber immerhin. Ohne zu zögern, wurde ihm wie immer auch im „Zawisza der Schwarze", der in Kürze über die Bretter gehen sollte, die Titelrolle übertragen.

Während der Proben quälte er sich sehr, und doch kam es ohne besondere Schwierigkeiten zur Premiere. Fertig geschminkt saß er vor dem Spiegel, mit geschlossenen Augen. Beim Glockenzeichen des Inspizienten erhob er sich und stieß mit dem Kopf an die Deckenlampe. Er wandte sich zur Tür. Im hellerleuchteten Flur stand im Halbkreis mit dem Friseur in der Mitte fast das ganze Ensemble. Neben dem Friseur befand sich der zweite jugendliche Liebhaber, der ebenfalls sehr begabt war, den er aber bisher immer um einige Zentimeter geschlagen hatte. Einen Moment lang sahen sie sich in die Augen.

Er mußte sich vom Theater trennen. Dann ergriff er, den Stadien seines Wachstums entsprechend, verschiedene Berufe. Eine Zeitlang war er Statist im „Theater der Jugend", dann wurde er Laufbursche. Auch als Weichensteller bei der Straßenbahn war er tätig. Als ein Mann mittlerer Größe stand er im Schafspelz an den Kreuzungen. Vor allem aber lebte er vom Verkauf der Gegenstände, die er in der Zeit seines Ruhmes erworben hatte. Schließlich wuchs er noch ein wenig, und so blieb er dann. Ob er sehr darunter litt? Und was er fühlte? Seit langem war sein Name von den Plakaten verschwunden und der Vergessenheit anheimgefallen. Schließlich wurde er Versicherungsangestellter.

Jahre später geriet er an einem freien Samstag ins Liliputanertheater. Unter dem Publikum sitzend lachte er, mäßig amüsiert, mäßig interessiert und wickelte Pfefferminzbonbons aus dem Papier. An der Garderobe dann, als er seinen langen, dunkelblauen Wintermantel in Empfang nahm, sagte er sich, zufrieden, weil das Abendessen auf ihn wartete: „Sie sind recht unterhaltsam, diese Kleinen."

DER KLUGE LÖWE

Schon gab der Cäsar das Zeichen. Das Gitter wurde hochgezogen, und ein immer mächtigeres Grollen ertönte aus dem schwarzen Verlies. Die Christen in der Mitte der Arena drängten sich aneinander. Die Menge stand von ihren Sitzen auf, um alles besser sehen zu können. Rauhes Gebrüll, das sich wie eine Lawine heranwälzte, Rufe der Erregung, Schreie der Angst. Weich mit den Pfoten schlenkernd, lief die erste Löwin rasch aus dem Tunnel. Die Vorstellung hatte begonnen.

Der mit einer langen Stange versehene Löwenwärter Bondani Cajus sah nach, ob alle Tiere zu dem furchtbaren

Spiel hinausgegangen waren. Schon wollte er erleichtert aufatmen, als er bemerkte, daß gerade am Tor ein Löwe lag, der es nicht eilig hatte, in die Arena zu kommen, sondern in aller Ruhe hier eine Rübe fraß. Cajus fluchte, denn er hatte dafür zu sorgen, daß sich keine der Bestien untätig im Zirkus aufhielt. Er näherte sich also bis auf die von den Vorschriften über Unfallschutz und Arbeitshygiene vorgesehene Entfernung und stieß den Löwen mit seiner Stange in den Steiß, um ihn aufzuscheuchen. Zu seiner Verwunderung schaute sich der Löwe lediglich um und wedelte mit dem Schwanz. Nun stieß ihn Cajus etwas stärker.

„Hau ab!“ sagte der Löwe.

Cajus kratzte sich den Kopf. Der Löwe gab eindeutig zu verstehen, daß er keine Agitation wünschte. Cajus war kein schlechter Mensch, aber er fürchtete, der Oberaufseher könne ihn, werde er erwischt, seiner Nachlässigkeit wegen unter die Verurteilten werfen lassen. Andererseits wollte er sich auch nicht mit dem Löwen streiten. So versuchte er diesen zu überreden. „Du könntest es für mich tun“, sagte er.

„Ich lasse mich nicht für dumm verkaufen“, sagte der Löwe und kaute an seiner Rübe.

„Du brauchst ja nicht gleich einen zu fressen, lauf dort ein bißchen herum und brülle, dann hast du ein Alibi“, flüsterte Bondani.

Der Löwe wedelte mit dem Schwanz. „Menschenskind, ich sage dir doch, daß ich mich nicht für dumm verkaufen lasse. Man sieht dich dort, und später glaubt dir dann niemand, daß du keinen gefressen hast.“

„Aber warum willst du denn eigentlich nicht?“ seufzte der Wärter.

Der Löwe sah ihn aufmerksam an. „Du hast von Alibi gesprochen. Ist dir denn nicht klar, warum alle diese Patrizier nicht selber in die Arena laufen und die Christen zerfleischen, sondern das uns Löwen überlassen?"
„Nein. Übrigens sind das größtenteils ältere Leute. Sie haben Atemnot oder Asthma."
„Ältere Leute", knurrte der Löwe mitleidig. „Von Politik hast du keine Ahnung. Sie wollen ganz einfach ein Alibi haben."
„Für wen denn?"
„Vor dem keimenden Neuen. In der Geschichte muß man sich immer an das Keimende, das Entstehende halten. Hast du denn niemals daran gedacht, daß die Christen an die Macht kommen könnten?"
„Die Christen, an die Macht?"
„Ja! Man muß es eben verstehen, zwischen den Zeilen zu lesen. Mir schwant, daß sich Konstantin der Große früher oder später mit ihnen an einen Tisch setzen wird. Und was dann? Dann kommen die Revisionen und die Rehabilitierungen. Die in den Logen werden dann sagen: ‚Wir sind es nicht gewesen, die Löwen waren es!' "
„Natürlich, daran habe ich nie gedacht."
„Siehst du! Was gehen mich die Christen an! Mir geht es um die eigene Haut. Wenn es so weit ist, dann wissen alle, daß ich Rüben gefressen habe. Obwohl, unter uns gesagt, Rüben Dreck sind."
„Deine Kollegen jedenfalls fressen diese Christen recht gern", sagte Cajus boshaft.
Der Löwe verzog sein Gesicht: „Primitivlinge, ungebildete Produkte der Kolonien, die sich zu allem hergeben, kurzsichtige Konjunkturritter ohne Sinn für taktisches Verhalten."
„Hör mal", stotterte Cajus.

„Na?“
„Wenn diese Christen, weißt du ...“
„Was denn?“
„Eben, wenn sie an die Macht kommen sollten ...“
„Na und?“
„Könntest du mir dann bescheinigen, daß ich dich zu nichts gezwungen habe?“
„Salus Rei publicae summa lex tibi esto“, sagte der Löwe sententiös und machte sich wieder an seine Rübe.

DIE GIRAFFE

Josef (derselbe, der so komisch aussieht, weil ihm die Haare nach vorne stehen) hatte zwei Onkel, die in allem das reine Gegenteil waren.
Der eine, der ältere, wohnte in der Straße der Ekelschwestern in einem engen Winkel, nahe beim Kloster, im Erdgeschoß. („Bei Gott, ich ziehe mein Erdgeschoß diesem ganzen modernen Tand, diesen dritten und vierten Stockwerken, vor“, pflegte er zu sagen.) Dort hatte er ein geräumiges Zimmer, das voll von dicken, alten Büchern stand. Von Borkenkäfern, die, das Maul noch voll Holz, meist aus Langeweile starben, waren die Bücherregale halb zerfressen. Einmal, als Josef beim Onkel zu Besuch war, stieß er an ein Regal und eines der Bücher fiel ihm auf den Kopf. Josef stürzte zu Boden, und das Dienstmädchen des Onkels mußte in der Apotheke Verbandszeug holen. Das Buch hatte den Titel: „Der Geist gegen die Materie.“
Der Onkel verließ nie sein Zimmer. Stets saß er an einem hohen Pult und schrieb. Es mußte etwas Interessantes

sein, denn schon seit vierzig Jahren schrieb er an diesem Werk. Der Grundgedanke jedenfalls lautete: „Kurze Beschreibung der Welt a priori, oder wie die Welt aussehen würde, wäre die Erde nicht kugelförmig sondern umgekehrt."

Eines Tages fragte Josef: „Onkel, wie sieht eine Giraffe aus?"

Der Onkel hatte keine Ahnung, denn seit seinem zwanzigsten Lebensjahr schrieb er an dem erwähnten Werk und kam nicht mehr aus dem Zimmer. Er las nichts außer Abhandlungen über die absolute Idee, den absoluten Willen, die subjektive Idealität der Welt, die Atranszendentalität, die Urkomplexität der Eindrücke, die Solipsität und dem bereits genannten Buch „Der Geist gegen die Materie".

Ihr fragt vielleicht, was er bis zu seinem zwanzigsten Lebensjahr getrieben hat. Damals war er von seinen Gesichtspickeln, die er auf keine Weise loswerden konnte, so sehr in Anspruch genommen, daß er unaufhörlich vor dem Spiegel saß. Niemals ging er in den Zoo, da er befürchtete, er könne dort unanständige Szenen aus dem Tierleben zu Gesicht bekommen.

Die Frage seines Neffen überrumpelte ihn, aber er gab das nicht zu erkennen. Übrigens war er kein Agnostiker, sondern lebte vom reinen Wasser der Metaphysik. Als Fideist war er mit seinen sechzig Jahren zu der Gewißheit gelangt, das gesamte Wissen über das Weltall sei dem Menschen a priori verkündet worden. Unter diesen Bedingungen war für ihn das Wissen über die Giraffe nur ein kleines Detail.

„Komm morgen wieder, dann sage ich dir Bescheid", antwortete er.

Nachdem Josef gegangen war, zog der Onkel die Stores

vor, zündete eine Kerze an und stellte einen Totenkopf auf den Schreibtisch. Die halbe Nacht verbrachte er mit ausgestreckten Armen auf dem Boden liegend, in der zweiten Hälfte vertiefte er sich in seine Studien.

Als Josef am anderen Tage kam, sagte der Onkel: „Du wolltest doch wissen, wie die Giraffe aussieht. Also, das ist ein dreibeiniges Wesen mit Hörnern und einem Pferdeschwanz. Es lebt ausschließlich von Pilzen mit Rahm. Jetzt kannst du gehen."

„Und was frißt sie denn im Winter, wenn es keine Pilze gibt?"

„Im Winter frißt sie marinierte Pilze."

Josef dankte und ging. Dieser Onkel war so respekteinflößend. Immer ließ sich Josef durch ihn einschüchtern. Trotzdem hatte er den Eindruck, daß die Sache mit der Giraffe nicht erledigt war. Vor allem der Pilze wegen.

Er beschloß also, sich an seinen zweiten Onkel zu wenden. Dieser hatte, wie das manchmal in den Familien vorkommt, mit dem ersten nicht die geringste Ähnlichkeit. Beide taten, als kennten sie sich überhaupt nicht. Der zweite Onkel führte ein sehr tätiges Leben. Er war Redakteur an einer Tageszeitung.

Man konnte diesen Onkel niemals zu Hause treffen, so viel hatte er zu tun. Josef rief ihn in der Redaktion an:

„Hallo, Onkel, hier spricht Josef."

„Ja, bitte, Genosse?"

„Onkel, ich wollte dich fragen, wie eine Giraffe aussieht."

„Sieh doch in den Notizen des Agitators nach."

„Dort ist nichts."

„Oder im ‚Ludwig Feuerbach'."

„Den haben wir schon durchgenommen. Da ist auch nichts zu finden."

„Dann eben im ‚Antidühring'!"

„Dort steht auch nichts."

„Aber da muß etwas sein."

„Wenn ich dir sage, daß ich da nichts gefunden habe."

„Wieso? Im ‚Antidühring' auch nicht? Was bildet ihr euch denn ein?"

Der Onkel warf den Hörer auf die Gabel.

Als er noch ein kleiner Junge im Alter von Josef war, hatte er eine Giraffe auf einem Bildchen der Serie „Die Tierwelt" gesehen. Diese Bildchen hatte die Firma Kneipp als Reklame kostenlos ihren Packungen mit Zichorie beigelegt. Daher hatte dieser Onkel eine gewisse Vorstellung von der Giraffe, aber er wollte das nicht zugeben, weil seine Kenntnisse noch aus der Vorkriegszeit, der Zeit der Sanacja, stammten. Er erteilte also den Auftrag, niemanden in sein Arbeitszimmer vorzulassen und machte sich an das Studium der Bibliothek des Marxismus-Leninismus. Aber Josef hatte recht. Weder im „Ludwig Feuerbach und der Ausgang der klassischen deutschen Philosophie", noch im „Antidühring" oder im „Kapital" war die Giraffe auch nur erwähnt.

Nachdem er alle, auch die kleinsten Publikationen durchgesehen hatte, sank er in seinen Sessel zurück und dachte über die Situation nach.

Sollte er sich auf Kneipps Zichorienkaffee berufen? Das wollte er nicht. Was hätten die Hunderttausende von ihm denken sollen, die sich vor dem Krieg nicht einmal Zichorie leisten konnten?

Sollte er erklären, er wisse nicht, wie eine Giraffe aussehe? Das war unmöglich. Wo bliebe dann seine Autorität? Die These von der Erkennbarkeit der objektiven Welt war ihm schon so in Fleisch und Blut übergegangen, daß er immer tat, als wisse er über alles Bescheid. Auch wenn er

etwas nicht wußte, glaubte er, daß er das nicht zugeben dürfe.
Sollte er die Beschreibung der Giraffe in einem Handbuch der Zoologie suchen? Um nichts in der Welt wollte er tun, was ihm als enge Spezialisierung, als Abgleiten in den Sumpf der objektivistischen Wissenschaften erschienen wäre.
Als Josef ihn in der Sache mit der Giraffe wieder anrief, antwortete er kurz angebunden: „Giraffen gibt es nicht. Wenn du willst, kann ich dir sagen, wie ein Hund oder ein Kaninchen aussieht."
„Was, es gibt keine Giraffen?"
„Nein, es gibt keine Giraffen. Weder Marx noch Engels noch ihre großen Nachfolger erwähnen die Giraffe. Dies bedeutet, daß es keine Giraffen gibt."
„Aber ..."
„Was heißt hier aber! ..."
Josef legte den Hörer auf, seufzte und ging zu einem jungen Mann, der der Betreuer ihrer Schulmannschaft war.
Dieser junge Mann war normal. Er sagte: „Hast du keine größeren Sorgen? Warte bis Mittwoch, dann besuchen wir den Zoo und gehen der Sache an Ort und Stelle nach."
Dies taten sie. Sie gingen in den Zoo, sahen sich die Giraffe an und würdigten sie gebührend. Josef bedankte sich und ging durch die Kastanienallee nach Hause. Mit einem Stecken ratterte er an den Staketen eines Zaunes entlang und dachte tief über etwas nach. Unterwegs verkaufte er seinen Schulranzen. Dann trat er in ein Schreibwarengeschäft und in einen Blumenladen.
Am nächsten Tag, schon am Morgen, brachte ein Bote in das Arbeitszimmer des zweiten Onkels, des Redakteurs,

einen schönen Rosenstrauß zusammen mit einer Karte folgenden Inhalts:
„Geliebter Bruder!
Warum siehst Du nie bei mir vorbei? Wir könnten dann über unsere gemeinsame Jugend, die Verwandten, den kleinen Josef, die Giraffen und vieles andere plaudern.
Gott sei mit Dir! Dein Bruder."
Der erste Onkel jedoch fand, als er sich nach einem Besuch Josefs wieder an seinen Traktat machte, in seinem Tintenfaß eine tote Maus.
Kleinen Jungen reicht das Geld meist nicht für zwei Rosensträuße.

SCHADE

„Ein ungewöhnlich schöner Tag. Die Sonne übertrifft sich heute selbst. Der ganze Umzug ist einfach gebadet in diesem Glanz, der aus einem unerhört blauen Himmel auf uns herabströmt. In den Zweigen der Bäume sitzen Vögel. Man sollte es gar nicht für möglich halten, daß es bei uns so viele Vögel gibt. Da leben wir verdrossen in den Tag hinein, und es bedurfte, nach Jahren der Fehler und Entstellungen, dieses Feiertages, um uns ins Bewußtsein zu rufen, wie überaus reichhaltig unsere Vogelwelt ist. Diese Vögel singen, singen so unerhört, daß man meinen könnte, sie hätten die Größe von Pferden.
Gerade marschiert an der Tribüne eine Gruppe Sportler vorbei; es spannen sich ihre Streck- und Beugemuskeln. Diese Oberkörper weisen nach vorne, während die Hüften durchgedrückt sind. Bereits heute befindet sich unser Land in der Reihe der Aluminiumproduzenten, und es wird

darin einen immer besseren Platz einnehmen. Das ist unsere Jugend, eine Jugend, die uns niemals enttäuschen wird. Sie winkt zur Tribüne hinauf, ruft eine Losung, aber alles übertönt dieses einfach unerhörte Zwitschern der Vögel.

Jetzt nähert sich die nächste Gruppe. Es sind die Alten aus den Heimen und die Kinder aus den Krippen, vermischt und verbrüdert gehen sie gemäß der Losung: „Die Alten mit den Kindern – Die Kinder mit den Alten." Da gehen also nun diejenigen, die man bisher unrichtigerweise vergessen hatte. Schade, daß Sie, meine verehrten Hörerinnen und Hörer, dies nicht sehen können. Diese kleinen Blondköpfe an der Seite gestreifter oder einfach grauer Schlafröcke, Pyjamas und Morgenröcke! Die Runzeln glänzen im Schein der Sonne. Einige der Kinder können noch nicht richtig laufen. Diese sind zu je fünf zusammengebunden und hinten an den kräftigsten Greisen festgemacht. Die Alten wiederum, die nicht mehr richtig sehen können, folgen einfach dem Gezwitscher der Kinder. Jetzt kommen unsere wundervollen Findelkinder, ein völlig neuer Menschenschlag. Und jetzt: ‚Die Augen rechts!' Alle rechtsseitig Gelähmten, alle, die einen Tick in der rechten Schulter haben, haben seit Jahren auf diesen Augenblick gewartet, um ihre Kunst zeigen zu können. Schon sind sie an der Tribüne vorbei. Einer der ganz Alten hat versucht, in die Hände zu klatschen, aber dabei ist ihm eine Hand abgefallen. Einer vom Ordnungsdienst ist herbeigelaufen und hat sie ihm zurückgegeben. Der Greis dankte, und der junge Soldat nahm als Antwort darauf Haltung an und salutierte.

Jetzt sind sie vorbei. Aber dies war noch lange nicht das Ende des Umzugs. Schon ist ein Klopfen wie mit hölzernen Schlegeln, ein Scharren, Rauschen, schweres Trappen zu hören, und da sind sie ja schon, unsere unvergleichlichen, rehabilitierten Invaliden! Die Gruppe mit schwarzen Brillen und weißen Stöcken hatte sich getäuscht und wäre schon in eine Querstraße eingebogen, hätten nicht die Beinlosen, die sich ihrer hölzernen Krücken mit einem unglaublichen Geschick bedienen, ihr den richtigen Weg gewiesen. Jetzt wälzt sich die ganze Abteilung würdevoll an der Tribüne vorüber, und die Sonne blinkt in den Prothesen. Wir werden Zeugen rührender Bilder. Dort halten sich zwei Einarmige zusammen, um in die Hände klatschen zu können, dort versucht ein Stummer in Hochrufe auszubrechen und bringt doch kein Wort über die Lippen.

Und jetzt jagt, geschickt manövrierend, die Brigade der Invalidenfahrzeuge daher, während die Sonne in den Nickelspeichen glänzt. Schon jetzt produzieren wir Nickel, und von Jahr zu Jahr werden wir mehr produzieren. Schade, meine Hörerinnen und Hörer, daß sie dies nicht sehen können.

Schon sind sie vorbei. Jetzt ist die Straße leer, aber das bedeutet keineswegs, daß der Umzug zu Ende wäre. Jetzt kommen diejenigen, die man sehen könnte, wenn sie nicht gestorben wären. Sicherlich könnte man sie sehen. Immer noch strahlt die Sonne. Da marschieren sie alle, die den Fehlern zum Opfer gefallen sind. Alle auf der Tribüne salutieren, und die Vögel singen und singen. Sie gehen, als wären sie lebendig. Das nennt sich Haltung und Verständnis! Fröhlich tragen sie ihre Särge, präsentieren sie vor der Tribüne, daß es nur so blitzt. Ja, tatsächlich, da gehen sie. Unser Land ist ein bedeutender Exporteur von Eichenholz, und wir werden noch mehr exportieren. Da marschieren sie, stolz, daß sie das erleben durften, und die Vögel zwitschern. Wie schade, daß Sie, meine Hörerinnen und Hörer, das alles nicht sehen können."

• • •

... Als ich sie zum erstenmal sah, war sie in Gesellschaft eines Obersten, der, nachdem er nahe an sie herangerückt war, mit der einen Hand seinen Schnauzbart zwirbelte, seine andere Hand aber tief in ihr Dekolleté steckte. Vertrauensvoll und einfältig wie ich bin, wunderte mich dies zunächst nicht, denn ich nahm einfach an, der Oberst habe dort etwas verloren, und hielt es für ganz natürlich, daß er das Verlorene wiederzufinden trachtete. Auf den Gedanken, daß seine Geste eine erotische Bedeutung haben könne, brachten mich erst die Worte des Offiziers. Er sagte nämlich: „Na, was denn, Kleine?"

Ach, dachte ich mir, sie ist also nicht so unzugänglich, wie ich bisher geglaubt hatte. Diese Entdeckung schien mir auch noch durch den Umstand bestätigt zu werden, daß ich sie am folgenden Tag zu Pferd in Begleitung von drei Leutnants sah. Damals keimte in mir der verwegene Wunsch auf, mich von meiner männlichen Seite zu zeigen. Während der nächsten Woche bereitete ich mich vor, um den rechten Augenblick für meine geplante Dreistigkeit abzupassen. Die Gelegenheit stellte sich alsbald ein. Indem ich mich über alle inneren Widerstände hinwegsetzte, verneigte ich mich vor ihr auf der Promenade und sagte, wiewohl erschrocken über meine eigene Frechheit, mit liebenswürdigem Lächeln:

„Guten Tag!"

Die auf diese Weise so unversehens Angesprochene neigte den Kopf, runzelte hochmütig die Brauen und ging weiter. Ich empfand eine brennende Scham. Wie hatte ich mich so brutal benehmen können! Recht war mir Dummen geschehen. Wie gern wäre ich ihr jetzt, hätte dies nicht noch einen übleren Mangel an Empfindsamkeit verraten, nachgelaufen, um ihre Verzeihung zu erbitten und sie davon zu überzeugen, daß ich keineswegs so aufdringlich bin, wie sie auf Grund meines häßlichen Benehmens annehmen mußte.

Für alle Fälle trat ich ihr einige Tage nicht unter die Augen. Nachrichten über militärische Bewegungen in der Umgebung verband ich lediglich mit der Vorstellung, daß irgendwelche Manöver im Gange seien. Das Haus verließ ich nur zu den Abendstunden; ich erging mich in den einsamen Alleen, gab mich dort meinen Träumen hin und faßte Vorsätze. Daß ich sie dort erblickte, wie sie sich durchs Dickicht kämpfte, war nur ein Werk des Zufalls. Glücklicherweise war sie nicht allein. Andernfalls hätte ich meine Verlegenheit überwinden und mich entschließen müssen, auf sie zuzutreten und sie zu verführen. Die Anwesenheit der Kavallerieschwadron ersparte mir dies.

Die Tage der Einsamkeit hatten jedoch die nachteilige Wirkung, daß ich nicht mehr wußte, wo ich sie außerhalb des Gebüsches treffen könnte. Empfänge, Jagden, Feierlichkeiten anläßlich einer Grundsteinlegung erschienen mir als die entsprechendste Gelegenheit, um mein Werk als Verführer in die Wege zu leiten.

Das Schicksal kam mir jedoch zu Hilfe. Im Gespräch mit einem Bekannten, einem Zivilisten, fiel ihr Name. Auf dem Umweg über erheuchelte Gleichgültigkeit und Kälte gab ich zu verstehen, daß ich mich für ihre Person interessierte. Mein Bekannter beugte sich aus dem Fenster und pfiff dreimal. Dann wandte er sich mir zu und sagte: „Ich halte sie auf dem Hof, damit sie mich nicht stört."

Als sie nach oben kam, machte uns der Zivilist bekannt. Ich küßte ihr die Hand, obwohl sie mich mit einem trotzigen

Blick durchbohrte. Sofort zeigte ich mich von meiner geistreichsten Seite und verstreute einen ganzen Armvoll von Pointen. Mittlerweile dunkelte es, und erhitzt durch meine eigene Beredsamkeit beschloß ich, weiter zu gehen als je zuvor. Unmerklich, Zoll um Zoll, streckte ich meine Hand nach ihr aus. Wie groß war meine Freude, als sie, nachdem ich sie berührt, ihre Hand nicht zurückzog. Berückt von diesem ersten Sieg sprach ich immer schönere Worte, konzentrierte mich aber in Wirklichkeit auf eine feinfühlige Liebkosung dieser Hand. Sicherlich wäre ich noch in einen tieferen Rausch geraten, hätte es sich nicht erwiesen, daß diese Hand, die ich schon aus anatomischen Gründen für die ihre halten mußte, da sie so nahe an ihrer Taille lag, die meines Bekannten war.

Später jedoch bedauerte ich dies nicht mehr so sehr wie im ersten Augenblick. Als ich ein halbes Jahr darauf während einer Feier diesmal wirklich ihre Hand in die meine nahm, zog sie diese sanft aber entschieden zurück und fügte freundschaftlich, wenn auch streng hinzu, von mir hätte sie ein solches Benehmen nicht erwartet. Ich schämte mich sehr.

Am nächsten Tag wollte ich ihr Blumen bringen. Im dunklen Vorzimmer fiel ich über eine Trommel, wie sie die Regimentstrommler zu tragen pflegen, und verletzte mich. Aber sie hätte mich damals ohnedies nicht empfangen können, da sie, wie sie mir später erklärte, an einer bösartigen Erkältung darniederlag.

Endlich, es war dies bereits im zweiten Frühling, teilte sie mir einmal beiläufig mit, sie wolle in der Abenddämmerung zu mir kommen, um sich Streichhölzer zu borgen. Zuvor hatten wir uns ein gutes Dutzendmal bei Jagden, Empfängen und Grundsteinlegungen getroffen. Ich beschloß, äußerst brutal vorzugehen.

Sie berief sich jedoch auf mein Ehrgefühl und gab ihrer Enttäuschung darüber Ausdruck, daß ich nicht besser als andere Männer sei. Sie habe mich immer höher eingeschätzt und wolle nicht gezwungen werden, diese Vorstellung preiszugeben. Dann bat sie um die Streichhölzer. Da ich dies völlig vergessen hatte, mußte ich aus dem Haus gehen, um sie zu besorgen. Als ich zurückkam, händigte ich ihr die Streichhölzer aus. Sie neigte den Kopf. Gerührt salutierte ich. Dann ging sie.
Ich darf mich jedoch nicht beklagen. Soviel ich höre, ist sie mir sehr gewogen. Sie sagt, ich sei überaus subtil.

HELDENEHRUNG

In unserer Stadt steht ein Denkmal des unbekannten Kämpfers von 1905. Die Hand des Tyrannen hat ihn während der Revolution gefällt. Seine Mitbürger errichteten damals ein kleines Hügelchen für ihn, auf dem fünfzig Jahre später ein Sockel aufgestellt wurde, in dessen Stein die Worte „Ewiger Ruhm" eingraviert sind. Das Denkmal, das sich auf dem Sockel erhebt, stellt einen jungen Mann dar, der eine Kette zerreißt. Mit der Denkmalsenthüllung im Jahre 1955 war eine große Feierlichkeit verbunden. Fast jeder hielt eine Rede. Viele Blumen und Kränze wurden niedergelegt.
Einige Zeit später beschlossen acht Schüler, den Aufständischen zu ehren. Der goldmundige Geschichtslehrer hatte es verstanden, sie mit seinem Unterricht so zu rühren, daß sie gleich danach eine Versammlung abhielten und für ihr eigenes Geld einen Kranz kauften. Sie formierten einen kleinen Zug und begaben sich zum Denkmal.

An der ersten Straßenecke erblickte sie ein kleiner Herr in dunkelblauem Überzieher. Er sah sie scharf an und folgte ihnen dann in einem gewissen Abstand.
Sie gingen über den Alten Markt. Die Passanten schenkten ihnen keine Beachtung. Umzüge sind eine alltägliche Sache.
Am Alten Markt stehen nur wenige Gebäude, die Kirche des Hl. Johannes im Öl und ein paar alte Häuser, die jetzt als Ämter und Museen dienen; fast niemand wohnt dort.
Als sie vor dem Denkmal standen, trat der Mann im Überzieher rasch auf sie zu.
„Servus!“ rief er, „Kleine Heldenehrung wohl? Sehr schön! Jahrestag vermutlich. Komplett überlastet. Kann mich nicht genau an das Datum erinnern.“
„Nein“, sagte einer der Schüler, „wir wollten bloß so . . .“
„Was heißt das ‚bloß so‘?“ Der Mann hob die Nase und schnüffelte.
„Wir wollen das Andenken eines im Kampf um die Freiheit des Volkes gefallenen Helden ehren.“
„Ach so, Kollege, Ihr seid wohl vom Stadtteilkomitee?“
„Nein!“
Der Mann dachte nach. „Vielleicht hat man euch in der Schule den Auftrag gegeben?“
„Nein!“
Der Mann ging weg. Gerade als sie den Kranz niederlegen wollten, rief einer von ihnen: „Da kommt er wieder.“
Tatsächlich, der Mann im Überzieher kam zurück. Jetzt hielt er einige Schritte Abstand und fragte: „Vielleicht ist gerade der Monat zur Vertiefung der Ehrung des unbekannten Revolutionärs?“
„Nein“, riefen sie im Chor. „es war unsere eigene Idee.“
Der Mann ging wieder weg. Die Jungen legten jetzt den

Kranz nieder und wollten schon weggehen, als der Unbekannte in Begleitung eines Milizianten zurückkam.
„Ausweise, bitte!" sagte der Miliziant.
Sie zeigten ihm ihre Schulausweise. Er betrachtete sie alle, dann salutierte er und sagte: „In Ordnung!"
„Keineswegs in Ordnung!" rief der Mann im Überzieher und wandte sich an die Schüler: „Wer hat euch befohlen, den Kranz niederzulegen?"
„Niemand!"
Der Mann wurde rot vor Aufregung. „Ihr gebt es also zu. Ihr selbst erklärt, daß ihr zur Durchführung der vorliegenden Manifestation zu Ehren des Unbekannten Revolutionärs weder von der Schulleitung, noch vom Jugendverband, noch vom Stadtteilkomitee, noch vom Stadt- oder Kreiskomitee organisiert worden seid?"
„Natürlich nicht!"
„Daß diese Kranzniederlegung nicht auf eine Initiative der Frauenliga, noch der Gesellschaft der Freunde des Jahres 1905 zurückzuführen ist?"
„Nein!"
„Daß es sich um keinen Jahrestag, keinen Gedenkmonat oder überhaupt etwas handelt?"
„Nein!"
„. . . Daß ihr nicht einmal ein Rundschreiben vorweisen könnt? Daß ihr selbst . . ."
„Ja!"
Er fuhr sich mit dem Taschentuch über die Stirn. „Sergeant, Ihr wißt wer ich bin, auf der Stelle nehmt Ihr den Kranz mit. Und ihr geht jetzt auseinander."
Schweigend gingen die Jungen weg. Hinter ihnen schritt der Miliziant mit dem Kranz. Vor dem Denkmal blieb lediglich der Funktionär im dunkelblauen Überzieher. Mißtrauisch prüfte er die Statue und schaute sich um. Bald

darauf begann es zu regnen. Die kleinen Tropfen fielen auf den dunkelblauen Überzieher und auf die steinerne Bluse des Aufständischen. Es wurde trüb und grau. Langsam rannen die silbernen Tropfen über das Haupt des Standbilds, schaukelten an den steinernen Ohren wie Ohrringe, leuchteten aus den leeren, granitenen Augäpfeln.
So standen sie einander gegenüber.

DER REBUS

Die Straße, an der ich früher wohnte, ist schon vor fünfzig Jahren eine Hauptader der Stadt gewesen. Ich hatte dort ein hohes Zimmer; hoch waren auch die schießschartenschmalen beiden Parterrefenster, und selbst die Tür, deren schmutziggelbe Klinke merkwürdige Verzierungen schmückten, schien übermäßig in die Länge gezogen zu sein. Der Tag reichte nicht aus, um die graue Dämmerung aus diesem Zimmer zu vertreiben, nur gegen Mittag zog sie sich ein wenig in die Ecken und unter die hohe Decke zurück, aber schon am frühen Nachmittag kroch sie frech wieder hervor. Aus den Fenstern sah man lediglich die Reihen ebensolcher Fenster auf der anderen Straßenseite. Sie schienen blind zu sein, denn in den Zimmern dahinter herrschte das gleiche Zwielicht wie bei mir. Über dem Fensterbrett schwammen die Kopfbedeckungen der Passanten vorbei, als sei die ganze Stadt überschwemmt und die Strömung führe nun die einzigen an der Oberfläche gebliebenen Überbleibsel der Ertrunkenen, Damen- und Herrenhüte, mit sich. Auch das Geräusch der Schritte, das unablässig durch die Scheiben tropfte, ließ mich an Wasser denken.
Eines Tages schwamm ein Hut vorüber, der den anderen

nicht glich. Es war eine schwarze Melone. Als es kurz darauf an meiner Tür klingelte und ich öffnete, befand er sich auf dem Kopf eines älteren Herrn; dieser trat sich die Füße ab, obwohl es seit einer Woche trocken war und vor der Tür kein Schuhabstreifer lag, nahm diesen Hut ab und fragte, ob er eintreten könne.

In meinem Zimmer schaute er sich um, zog eine der Länge nach gefaltete Zeitung aus der Tasche und sagte: „Ich habe die Auflösung."

„Wie bitte?"

Er reichte mir die Zeitung. Sie hatte die Farbe alter, aus Knochen gefertigter Dominosteine. Die Drucktypen wiesen einen heute nicht mehr üblichen Schnitt auf, Buchstaben auf mageren, langen Beinchen, deren unterer und oberer Rand mit dünnen, waagerechten Strichen versehen ist. Das Datum eines Berichts fiel mir in die Augen: „6. Juni 1906. Die Woche in Baden-Baden ..."

„Der Rebus", half der Mann nach, als er merkte, daß ich nicht wußte, worum es ihm ging. Auf Seite zwei war ein Rebus. Daneben stand, sorgfältig mit Tintenstift geschrieben, die Auflösung.

„Ich sehe es."

„Ich habe alles herausbekommen."

„Ja."

„Ich wollte es selbst in die Redaktion bringen. Dies ist die Adresse. Aber anscheinend ist hier keine Redaktion mehr", sagte er, während er einen Blick auf die Möbel warf.

„Ja, hier ist jetzt eine Privatwohnung."

„Schade, und ich habe alles herausbekommen. Wo ist die Redaktion jetzt?"

Ich zuckte die Schultern: „Ehe ich hier einzog, war es auch eine Privatwohnung."

„Und vorher?"

„Woher soll ich das wissen? Vermutlich ebenfalls.“
„Schade, ich habe es ganz allein herausbekommen.“
„Vielleicht war hier einmal eine Redaktion, aber das ist jedenfalls lange her“, sagte ich boshaft.
Er nickte. „Ja“, sagte er, „fünfzig Jahre.“
Dieser Halbgebildete fing an, mich aus dem Gleichgewicht zu bringen. „Was wollen Sie denn mit Ihrem Rebus? Schließlich wissen Sie doch, daß sich seither allerhand geändert hat.“
„Wissen Sie, ich bin ja schließlich kein Professor. Und trotzdem bin ich ganz von alleine auf alles gekommen“, sagte er beleidigt.
Einen Augenblick schwiegen wir. Dann las ich den Namen der Zeitung und war empört. „Wissen Sie denn nicht, daß Ihre Zeitung die perfide Politik der Monarchie gegen die nationalen Minderheiten unterstützte?“
„Es war an einem Sonntag. Der Onkel kam zu uns, und in der Tasche hatte er diese Zeitung. Es war heiß, und wir saßen im Garten. Vater und der Onkel sagten, sie wollten Karten spielen. Ich wollte mitspielen, aber Vater erlaubte es nicht; ich sei noch zu jung, später dürfe ich auch. Dann zogen sie ihre Jacken aus. Als sie das Spiel begannen, nahm ich diese Zeitung heraus, denn die Jacke des Onkels hing an einem Ast des Kirschbaums. Ich machte mich gleich an den Rebus.“
„Und Sie haben fünfzig Jahre dazu gebraucht“, fügte ich sarkastisch hinzu.
„Bitte, das war sehr schwierig. Wissen Sie vielleicht, was ‚adäquat‘ bedeutet, und da waren noch schwierigere Sachen.“
„Und der erste Weltkrieg, mein Herr?“
„Ich war unabkömmlich.“
„Sie sind lächerlich. Die ganze Umwälzung, der ungeheure

Schritt, die Weimarer Republik, die Volksabstimmungen?"
„Bilden Sie sich nur nicht ein, das wäre alles so leicht. Im Jahre 1909 wußten wir noch nicht so recht, was ein Zeppelin ist. Erst als ich „Veloziped" und „Kraut" – für „Pflanze", wissen Sie – hatte, kam ich darauf."
„Sie gehen mir auf die Nerven. 1929 die Weltwirtschaftskrise – und Sie noch immer mit diesem Rebus!"
„Ich bin vielleicht nicht besonders begabt. Aber glauben Sie nur nicht, ich hätte zu viel Zeit gehabt. Bitte sehr, ich mußte arbeiten, und mit der Auflösung beschäftigte ich mich vor allem in den Abendstunden."
„Und Hitler? Das ging Sie wohl nichts an? Spanien? Was haben Sie denn damals gemacht?"
„Ich sage Ihnen doch die ganze Zeit, daß ich alles allein herausbekommen habe. Es kamen eine Menge Fremdwörter drin vor. Aber wozu hat man schließlich Köpfchen?"
„Ein Salomon sind Sie", spottete ich. „Sicher haben Sie auch während des zweiten Weltkriegs vor ihrem Rebus gesessen? Ein Einstein sind Sie, aber die Atombombe haben Sie wohl nicht erfunden."
„Die Bombe? Damit habe ich nichts zu tun. Glauben Sie vielleicht, daß es einem alten Mann leichtfällt? Was man in der Schule gelernt hat, ist längst vergessen, und schließlich hat man noch andere Sorgen. Aber jedenfalls habe ich es nicht aufgegeben."
Ich lachte laut und boshaft. Das schüchterte ihn ein; dann stand er auf und sagte:
„Lachen Sie nicht. Ich habe die Bombe nicht erfunden, was kann ich daran machen? 1914 war ich unabkömmlich, aber meinen Teil habe ich schon vorher in Montenegro abbekommen, einen Rikoschettschuß in den Kopf. Sie lachen, aber man muß das menschliche Denken achten, mein Herr. Hier ist der Rebus. Der Gedanke lebt."

DIE TATSACHE

In Demut und Reue bekenne ich meine Sünden ... Ich weiß nicht, ob ich in der Lage bin ... Hochwürden, können Sie ... Ich habe einen Mann.

?

Bitte? Ach woher! Wir sind selbstverständlich verheiratet. Die Orgel spielte, und ich hatte einen langen, langen weißen Schleier. Es duftete nach Weihrauch und weißen Lilien. Und ich habe ‚Ja' gesagt; alle haben sich gefreut, und Mama hat geweint, und ...

?

Gleich, wir sind gleich soweit. Ich war ein junges, armes Mädchen. Ich hatte große Augen und lange Zöpfe. Er kam mit dem Auto, war groß und kräftig. Er führte mich auf den Hügel und sprach mit lauter, wohlklingender Stimme über die Zukunft. Er hatte viele Pläne. Ich kuschelte mich an seine blitzenden Metallknöpfe. Gern berührte ich sie mit der Wange. Ich konnte in ihnen mein Spiegelbild sehen.

?

Ja, natürlich, ich weiß, Hochwürden, das war eitel, ich bereue es von ganzem Herzen. Kurz darauf haben wir geheiratet.

?

Ach nein, keineswegs. Auch nach der Hochzeit hat er sich nicht geändert. Er war immer entschieden und doch feinfühlig. Natürlich gab es manchmal Mißverständnisse, aber keine schlimmen. Fast nie gingen wir für längere Zeit auseinander ...

Aber was denken Sie! ... Ich habe davon gehört, aber er ist nicht so. Ich will sagen ... Niemals war etwas dergleichen.

?

Vielleicht, aber das weiß ich nicht. Schließlich ist das meine Beichte und nicht seine. Ich ... ich bin hierhergekommen, ich ... brauche Hilfe ... Rat ... Trost, nein, ich weine ja gar nicht, Hochwürden, nehmen Sie doch Ihre Hand da weg.

?

Natürlich habe ich ihn aus Liebe geheiratet. Das ist doch alles nicht meine Schuld. Hochwürden, Sie können fragen, wen Sie wollen, alle haben ihn geachtet; er war ja so begabt und hatte sich so verdient gemacht ...

?

Bitte?

?

Ich? Niemals! Wirklich nicht! Ich habe ihn nicht einmal, und sei es auch nur in Gedanken, betrogen. Ich war ihm treu. Glauben Sie mir doch, Hochwürden.

?

Nein.

?

Nein.

?

Auch nicht.

?

Worum es eigentlich geht? Hochwürden, ich bin hierhergekommen ... Aber das glaubt mir ja niemand. Nach sieben Jahren gemeinsamen Lebens! Heuer fuhren wir in Sommerfrische. Ich habe ihn dazu überredet, damit er sich erholt. Er hat eine bedeutende Stellung, viel Arbeit, eine ungeheure Verantwortung für das Land. Wir saßen uns also beim Frühstück gegenüber. Hinter ihm sah ich durch das offene Fenster die Bäume des Gartens. Auf der Tapete im Zimmer waren zehntausende kleinwinziger rosa Blumen. Ich blickte auf ihn, gerade als er die Tasse hob. Ein ganz gewöhnlicher Blick ohne bestimmte Absicht. Und da sah ich ...

?

Was ich sah? Darum geht es ja. Sieben Jahre habe ich Tisch und Bett mit ihm geteilt, warum fiel es mir erst jetzt auf? Hochwürden, Sie müssen mir einen Rat geben. Wenn das Sünde ist ...

?

Erst da habe ich gemerkt, daß er aus Plastilin ist.

?

Ja, ganz und gar. Völlig künstlich. Ich habe mich vorgebeugt. Vermutlich habe ich die Augen weit aufgerissen, denn er stellte die Tasse zurück und fragte mit ruhiger Stimme: ‚Was ist denn los?' Aber jetzt lasse ich mich nicht mehr täuschen. Er war immer und ist auch heute noch aus Plastilin. Warum habe ich das erst jetzt gemerkt? Was soll nun werden?

?

Ungültigerklärung der Ehe? Aber, Hochwürden, das ist doch Unsinn. Ich habe doch Kinder von ihm.

SIEGMUND

Da ein neues Schuljahr begonnen hat, kann ich jetzt endlich erzählen, was ich über Siegmund weiß. Schon seit langem liegt er mir auf der Pelle. Als er mir das letztemal erschien, mußte ich mich in den Rohrsessel setzen und einen langen Monolog über ihn halten. Es war der erste Abend mit Mondschein nach hellen, aber nur von den Sternen erleuchteten Nächten. Heute weiß ich sogar, wie Siegmund aussieht. Er ist blaß. Sein großer Kopf sitzt auf einem dünnen Hals. Er hat abstehende Ohren, und unter einer dichten Mähne arbeitet die denkende Stirn.

Das erste Thema, welches meine arme Phantasie verführte und mich für immer an Siegmund fesselte, war die Sache mit der Schnecke. Jeder glaubt zu wissen, was eine Schnecke ist. Siegmund aber ging an diese Angelegenheit auf die nur ihm eigene Art heran. Wenn wir sein Schulheft öffnen, finden wir unter der Überschrift „Cum Deo" folgende Ausarbeitung:

„Die Schnecke ist ein Wesen, das vom Ausstrecken seiner Fühler lebt; sie bekommt dafür eine bestimmte Menge Käse, aus dem sie Piroggen herstellt."

In der Schule fragte Siegmund: „Wenn die Schnecke auf den Bummel geht und jemanden treten möchte, mit welchem Bein macht sie das dann?"

Der Lehrer antwortete: „Siegmund, die Schnecke hat doch nur ein Bein. Warum hast du nicht aufgepaßt, als wir sie durchgenommen haben. Ich weiß schon, damals hast du unter der Bank gesessen."

Aber Siegmund läßt sich nicht so leicht aus der Fassung bringen. Man muß offen zugeben: Siegmund lügt. Zu Hause antwortete er auf die Frage, was in der Schule gewesen sei: „Der Herr Professor hat gesagt, daß die Schnecke mit dem linken Bein tritt. Aber ich habe ihm gesagt, daß das nicht stimmt, weil die Schnecke nur ein rechtes Bein hat. Aber er hat nicht aufgepaßt, weil er unter der Bank saß." Die Schnecke hatte es Siegmund angetan. Ein paar Tage später fragte er den Onkel: „Wenn die Schnecke zur Musterung muß und zwei Beine haben möchte, damit sie eingezogen wird, kann sie sich dann nicht von einer Kollegin ein zweites Bein leihen?"

„Das geht nicht, Siegmund, denn die Kollegin hat ja auch nur ein Bein. Die wäre dann ja ganz ohne."

„Aber die zweite könnte sich doch eins von einer dritten leihen?"

„Nein, dann hätte ja die dritte kein Bein mehr."

„Aber wenn sich die dritte von der vierten eins leiht?"

„Siegmund, es ist schon spät, geh schlafen!"

„Und die vierte von der fünften?"

„Siegmund, geh auf den Hof spielen."

„Und die fünfte von der sechsten?"

„Siegmund!"

„Onkelchen . . ."

„Was denn?"

„Wenn ich eine Schnecke wäre, hätte ich drei Beine und würde den Kollegen damit aushelfen."

„Das ist schön von dir. Das zeugt von deinem guten Herzen."

Und tatsächlich, eines Tages, als der rote Thomas Tiere quälte, sagte Siegmund zu ihm: „Warte nur, wenn dich der liebe Gott erwischt, dann gibt er dir's."

Aber trotzdem ist etwas an ihm, was eine Stimmung gegenseitigen Mißtrauens hervorruft und seine Umwelt verstummen läßt. Einmal, als er in die Schule kam, nahm er die Mütze nicht ab. Der Lehrer erinnerte ihn daran: „Siegmund, warum behältst du die Mütze auf dem Kopf?"

„Weil Mama gesagt hat, ohne Mütze würde ich mich erkälten."

Zu Hause sagte er dann: „Mama, jetzt hab' ich mich schon erkältet. Der Herr Lehrer hat mir nämlich befohlen, die Mütze abzunehmen."

Am nächsten Tag kam er nicht in die Schule. Am Tage

darauf fragte ihn der Lehrer: „Siegmund, warum warst du gestern nicht in der Schule?"
„Weil Mama gesagt hat, überall sei's schön, am schönsten aber sei's zu Hause."
Dem Lehrstoff entsprechend erzählte der Lehrer, wie es der Mensch allmählich gelernt habe, sich vor der Kälte durch Tierfelle und Pflanzenfasern zu schützen, indem er sich daraus warme Kleidung und Kopfbedeckungen verfertigte. Siegmund dachte nach und meldete sich dann: „Mein Vater trägt immer einen Hut, denn er sagt, wenn er an einen See kommt und ins Wasser fällt, dann geht der Hut nicht unter, und dann wissen sie, an welcher Stelle sie Papa suchen sollen." Er überlegte noch einen Augenblick, dann fügte er hinzu: „Wir haben schon ein Familiengrab, denn meine Tante meint, zusammen sei es am nettesten."
So ist dieser Siegmund. Seid auf der Hut vor ihm! Ein netter Kerl, aber . . .
Bald schon werden die Abende wieder mondhell sein.

DAS ABENTEUER DES TROMMLERS

Ich liebte meine Trommel. An einem breiten, im Nacken geknüpften Band trug ich sie. Es war eine große Trommel. Auf ihr blaßgelbes Fell schlug ich mit Schlegeln aus Eichenholz. Diesen hatten meine Finger allmählich einen gewissen Glanz verliehen, der von meinem Fleiß und meiner Arbeitslust zeugte. Die Wege, auf denen ich mit meiner Trommel schritt, waren bald weiß von Staub, bald schwarz von Kot, und zu beiden Seiten lag die Welt, grün, gelb, braun oder weiß, je nach der Jahreszeit. Über allem aber polterte rasend die Stimme meiner Trommel, denn meine Hände gehörten nicht mir sondern ihr, und wenn die Trommel schwieg, war mir nicht wohl. Munter trommelte ich eines Abends, als der General an mich herantrat. Seine Uniform war unvollständig, die Jacke stand am Hals offen, und er war in Unterhosen. Er grüßte mich, räusperte sich, lobte Staat und Regierung und sagte schließlich gleichsam nebenbei:

„Und Ihr trommelt unentwegt?"

„Jawohl!" rief ich und schlug mit verdoppelter Kraft auf das Fell. „Zur Ehre des Vaterlandes!"

„Richtig, richtig!" pflichtete er irgendwie traurig bei. „Und noch lange werdet Ihr weitermachen?"

„Solange die Kräfte reichen, Euer Genossen", gab ich munter zurück.

„Teufelskerl!" lobte mich der General und kratzte sich den Kopf. „Und werden sie noch lange reichen?"

„Bis zum Ende", rief ich stolz.

„Na, na", wunderte sich der General, schwieg einen Augenblick nachdenklich und fing dann von etwas anderem an: „Es ist schon spät", sagte er.

„Spät ist es nur für den Feind, niemals für uns", schrie ich, „denn unser ist die Zukunft."

„Sehr richtig", stimmte der General leicht irritiert zu. „Ich meinte auch nur die späte Stunde."

„Die Stunde des Kampfes ist angebrochen. Auf, ertönet Kanonen, läutet Sturm, ihr Glocken", brüllte ich in der edlen Verzückung des echten Trommlers.

„Nur keine Glocken", rief der General hastig. „Das heißt, nichts gegen Glocken, von Zeit zu Zeit."

„Richtig, Bürger General!" Mit Feuereifer griff ich seinen Gedanken auf. „Was sollen uns Glocken, da wir doch Trommeln haben. Die Glocken mögen schweigen, wenn mein Wirbel ertönt." Und zur Bekräftigung hieb ich auf die Trommel ein, als ob der Sturm beginne.

„Und niemals umgekehrt, nicht wahr?" fragte der General unsicher und hielt sich verstohlen die Hand vor den Mund.

„Niemals!" schrie ich schallend. „General, unaufhörlich wird unser Wirbel dröhnen. Ihr könnt Euch auf Euren Trommler verlassen." Eine Feuerwelle der Begeisterung riß mich hin.

„Unsere Armee kann stolz auf Euch sein", sagte der General sauer. Ihn fröstelte, denn über das Biwak war der Nachtnebel gefallen. Aus dem grauen Dunst ragte nur der Kegel des Generalszeltes hervor. „So ist es, stolz kann sie sein. Wir werden nicht weichen, und wenn wir marschieren müßten, ja, mein Lieber, marschieren, Tag und Nacht. Und jeder unserer Schritte . . . ja, jeder Schritt . . ."

„. . . Jeder unserer Schritte ist ein unablässiger Trommelwirbel des Sieges", brach es aus mir hervor, und ich rührte die Trommel.

„Hm, ja, ganz richtig", brummte der General und ging auf sein Zelt zu. Aber das Alleinsein verstärkte meine Opferbereitschaft und mein Verantwortungsbewußtsein als Trommler nur noch mehr. Du bist weggegangen, General, dachte ich, aber du weißt, daß dein treuer Trommler wacht. Gesammelt brütest du mit faltendurchfurchter Stirn über den strategischen Plänen, steckst auf der Karte mit Fahnen den Weg unseres gemeinsamen Sieges ab. Du und ich, beide werden wir die Zukunft, das hellere Morgen erobern, das ich in deinem Namen durch das Gedröhn des Wirbels verkünde. Eine solche Zärtlichkeit umfaßte mich für den General, ein solcher Wille, mich der Sache ganz zu weihen, daß ich, soweit dies möglich war, noch rascher und heftiger auf das Trommelfell einschlug. Schon war

die Nacht weit vorangeschritten, und immer noch gab ich mich, durchglüht von der Idee, mit dem Eifer der Jugend meiner ehrenvollen Aufgabe hin. Manchmal, zwischen den einzelnen Aufschlägen meiner Schlegel, hörte ich vom Generalszelt her das Knarren einer Sprungfedermatratze, als wälze sich dort jemand, der keinen Schlaf findet, von einer Seite auf die andere. Gegen Mitternacht endlich hob sich undeutlich eine weiße Gestalt vor dem Zelt ab. Der General war im Nachthemd. Er hatte eine belegte Stimme.

„Na, nun sagt mal, wollt Ihr noch lange trommeln?" wandte er sich an mich. Ich war ganz gerührt, daß er zu mir in die Nacht hinausgetreten war. Ein echter Soldatenvater!

„Jawohl, General! Weder Kälte noch Schlaf vermögen mich zu bezwingen. Ich bin bereit, zu trommeln, solange ich lebe, wie es meine Pflicht und die gemeinsame Sache mich heißen, wie es Gesetz und Ehre des Trommlers gebieten. So wahr mir Gott helfe!"

Als ich so sprach, ging es mir nicht darum, dem General zu gefallen, meinen Diensteifer zu zeigen. Nichts hatte dies mit hohler Prahlerei oder Spekulation auf Orden und Auszeichnungen zu tun. Es kam mir nicht einmal in den Sinn, man könne meine Worte so verstehen. Immer war ich aufrichtig, geradlinig und, zum Teufel! ein guter Trommler.

Der General knirschte mit den Zähnen. Ich dachte, der Kälte wegen. Dann sagte er dumpf: „Gut, sehr gut!" und ging.

Kurz darauf verhafteten sie mich. Die Runde, welche den Befehl ausführte, umringte mich schweigend, nahm mir die Trommel vom Hals, riß mir die Schlegel aus den fühllos erstarrten Händen. Plötzlich verbreitete sich Stille

im Tal. Mit den Genossen, die mich zwischen Bajonetten aus dem Lager führten, konnte ich mich nicht verständigen. Das Gesetz stand dem entgegen. Aber einer gab mir zu verstehen, sie hätten mich auf Befehl des Generals verhaftet, mir werde Verrat vorgeworfen. Verrat!
Gerade begann es zu tagen. Schon erschienen die ersten Rosenwölkchen. Sie wurden nur von einem gesunden Schnarchen begrüßt, das ich deutlich hörte, als wir am Zelt des Generals vorbeikamen.

GENOSSENSCHAFT „EINER“

Der Leiter nahm den Hörer ab. „Hallo ... ja ... ja ... Straße der Sieger? Gut! Einverstanden. Ich schicke gleich einen Diensthabenden los.“ Er legte auf.
„Sehen Sie“, sagte er, „wir können uns nicht über Mangel an Wunden beklagen. Ich muß für einen Augenblick zum Personal gehen. Begleiten Sie mich, wenn Sie Lust haben.“
Das Büro der Genossenschaft „Einer“ war in einer ehemaligen, nur notdürftig der neuen Bestimmung angepaßten Wohnung untergebracht. Aus dem Zimmer des Leiters, es lag an der Straßenseite und hatte einen Balkon, gingen wir auf den Flur und betraten dann den nächsten Raum. Früher war hier ein sehr geräumiges Badezimmer, von dessen Einrichtung sich aber nur die Wanne erhalten hatte. Der Gasofen war abgenommen, und in der Wand klafften überall dort, wo die Rohre ausgerissen waren, in tiefen Nischen die Ziegel der Mauer. An den gekachelten Wänden, im gelben Schein einer nackten Glühbirne, saßen oder lagen auf Bänken schmutzig gekleidete, farblose Männer. Die meisten von ihnen schliefen, einige aßen ihr

zweites Frühstück, das aus Essiggurken und Borschtsch bestand.
„Wer ist an der Reihe?“ rief der Leiter von der Tür aus. Von der Bank erhob sich ein Mann mittleren Alters mit gelichtetem Haar und aufgeschwemmtem Gesicht.
„Welche Adresse, Chef?“ fragte er heiser.
„Straße der Sieger 3. Genaueres ist im Laden zu erfahren.“
„Geht in Ordnung“, brummte der Aufgeschwollene und knöpfte seine Jacke zu.
Wir kehrten in das Zimmer der Verwaltung zurück. An der Wand hing ein Plakat vom Mickiewicz-Jahr.
„Die organisatorischen Grundsätze sind sehr einfach“, erklärte mein Gegenüber. „Die niedrigen, von unseren Kunden entrichteten Gebühren decken lediglich die Kosten für Vermittlung, Telephon, Miete und die Gehälter für Leitung, Buchhalter und Putzfrauen. Etwaige Überschüsse überweisen wir an den Fond für Schulbauten.“
„Und die Mitarbeiter?“
„Das ist verschieden. Im allgemeinen stützen wir uns auf die ehrenamtlichen Mitarbeiter, die Sie im Dienstraum gesehen haben. Aus ihnen setzt sich der Tag und Nacht tätige Bereitschaftsdienst zusammen. Sie werden in Naturalien bezahlt, bzw. einfach dadurch, daß wir sie vermitteln. Daneben verfügen wir jedoch über einen Kader von hochqualifizierten Sondermitarbeitern.“
„Wie kam es zur Bildung der Genossenschaft?“
„Sehen Sie, es gibt so viele Menschen, die gelegentlich Gesellschaft brauchen. Jeder von uns kennt aus Erfahrung die Augenblicke, wenn er Lust hat zu trinken, aber niemand da ist, der mithält. Da trinken Sie zum Beispiel mit einem Kollegen. Dann muß der Kollege abfahren. Sie bringen ihn an den Bahnhof. Sie kehren zurück, und was weiter? Eine schreckliche Einsamkeit! Oder sie haben

Ihren freien Tag, die Bekannten sind in der Arbeit, und in den Kneipen ist jetzt am Vormittag noch kein Mensch. Was wartet Ihrer? Die Vereinsamung! Oder tief in der Nacht überfällt Sie die Sorge. Alle schlafen; Sie haben einen halben Liter gekauft und sitzen vor einem leeren Tisch. Ich wollte nur einige aus dieser unendlichen Reihe von Situationen erwähnen, da einen die für den Trinkenden so unerträgliche Einsamkeit überfällt. Die Dienste unserer Genossenschaft bestehen darin, daß wir einen einfachen und wirksamen Ausweg anbieten. Wir haben die Angst vor dem Gefühl der Verlassenheit abgeschafft, die mühsame und fieberhafte Suche nach Bekannten, die nicht immer mit uns trinken können oder wollen. Heute braucht man nur noch die entsprechende Telephonnummer zu wählen und seine Adresse anzugeben. Dann erscheint alsbald ein Mann unseres Bereitschaftsdienstes, eine hingabebereite, herzliche, kollegiale und mitfühlende Seele, die zu jeder Aussprache bereit ist, Mitleid empfinden kann und niemals Nein sagt. Der Bereitschaftsdienst setzt sich aus Fachkräften zusammen, die sich ebenfalls im gegebenen Augenblick gern einen hinter die Binde gießen, aber kein Geld dazu haben. Wir bieten lediglich den Schlüssel zur gegenseitigen Verständigung. So finden sich jene, die möchten und haben, und jene, die nicht haben, aber möchten. Wären nicht wir, so würden die einen und die andern gleichgültig, durstig, traurig und ohne Aussicht auf Verständigung aneinander vorbeigleiten wie das kalte Licht zweier entfernter Planeten."

„Ein ausgesprochen humanistisches Anliegen also?"

„Ja, aber nicht ausschließlich. Wir spielen auch eine gewisse wirtschaftliche Rolle, indem wir die Umsätze des Monopolhandels steigern helfen. Denken Sie nur an die zusätzlichen Liter, die nicht getrunken würden, wenn wir

nicht wären. Es versteht sich doch von selbst, daß man in Gesellschaft leichter, williger und mehr trinkt."
In diesem Augenblick krachte die Eingangstür und auf dem Korridor stimmte ein Mann das Lied „Geh nicht in den Wald, Mariechen" an.
„Entschuldigen Sie", sagte der Leiter. „Gerade kommt einer unserer Diensthabenden von der Arbeit zurück. Ich muß seinen Rapport in Empfang nehmen."
In das Zimmer wurde ein Funktionär der Genossenschaft „Einer" geführt. Mit einer geübten Bewegung schüttete der Leiter einen Eimer Wasser nach ihm.
„Aus der Allee der Helden 12", meldete der Ankömmling. „Exportwodka mit Fruchtessenz. Seine Frau ist ihm weggelaufen, hatte eine schwere Kindheit, 1948 hat er eine Lungenentzündung durchgemacht. Hepp! Behauptet, die Welt sei schön, nur die Menschen seien schlecht."
„Bitte sehr", wandte sich der Leiter wieder an mich, als uns der abgearbeitete Funktionär verlassen und sich in den Bereitschaftsraum begeben hatte, wobei er „Die blauen Wellen des Rheins" sang. „Schon wieder eine Seele vor der Einsamkeit gerettet."
„Sie haben die hochqualifizierten Sondermitarbeiter erwähnt."
„Ja, manchmal haben wir anspruchsvollere Kunden. Es gibt Menschen, die alles auf eine sehr lyrische Weise erleben. Zu ihnen entsende ich Dichter, die gerne trinken. Oder es ruft uns zum Beispiel ein Professor, ein Spezialist der Maya-Kultur an. Zu ihm können wir doch nicht einen x-beliebigen Kerl schicken. Andere schätzen bei einem Gläschen religiöse Dispute. Dafür habe ich einen gekippten Theologen. Kurzum, wir unterhalten ständige Kontakte mit Spezialisten, die für uns von Fall zu Fall arbeiten."

Auf dem Schreibtisch klingelte das Telephon. Der Leiter nahm den Hörer ab. „Hallo, hier Genossenschaft „Einer" oder ‚Auf einen'! Bitte? . . ."

Je länger er zuhörte, um so bekümmerter wurde sein Gesicht. Schließlich verdeckte er mit der Hand den Hörer und sagte leise zu mir:

„Da ruft uns ein Kunde vom Allerheiligenplatz an. Er möchte einen Gesellschafter, mit dem er sich über die Perspektiven der Entwicklung der sozialistischen Moral unterhalten kann. Woher soll ich einen solchen nehmen?

„Und was hat er zu trinken?" fragte ich.

„Einen Augenblick!" Der Leiter wandte sich wieder dem Hörer zu: „Könnten Sie uns mitteilen, über welche Art von Getränken Sie verfügen?"

Als er die Antwort gehört hatte, verdeckte er abermals die Muschel und sagte dann zu mir: „Eierkognak und Cherry Cordial."

„Dann gehe ich hin", schlug ich vor.

„Ausgezeichnet!" freute sich der Leiter. „Für diesen Fall habe ich eine freie Stelle." Und dann in den Apparat: „Geht klar!"

PEER GYNT

Am Bach wuchs eine Birke, und daneben stand eine Hütte. Dort wohnte ein junger Mann mit seiner Frau. Sie liebten sich sehr. Einmal sagte die Frau: „Man muß das Dach ausbessern. Es regnet herein." „Wird gemacht!" antwortete er und umfing sie mit einem liebevollen Blick.

Am Tage darauf war im Städtchen eine große Feierstunde. Auch der Bursch vom Bächlein befand sich zufällig in dem mit Blüten und Seidenpapier geschmückten Saal. Beim Abschied war seine Frau in Tränen ausgebrochen und wollte ihn nicht mit seinem Fuhrwerk zum Kreisstädtchen lassen. Er mußte aber den Schulleiter dorthin bringen. Den Abschied vergaß er, als das Orchester zum Beginn mit Getöse „Wir bauen ein neues Haus“ spielte.

„Wenn es irgendwo Mängel gibt, dann soll man offen darüber sprechen“, erklärte später der Vorsitzende. „Wer trägt sich in die Liste der Diskussionsredner ein?“

Der junge Bauer, der an der Tür saß, hörte aufmerksam zu. Er war von Natur aufrichtig und hatte ein empfängliches Herz für alle Aufrufe. „Ich!“ sagte er. „Ich will sprechen.“ Sie fragten ihn nach seinem Namen und seiner sozialen Herkunft. „Bauer!“ sagte er. Im Saale verbreitete sich ein Gemurmel der Anerkennung. Man reckte die Hälse, um besser sehen zu können, wie er die Rednertribüne bestieg. Der Journalist aus der Woiwodschaftsstadt, der, den Kopf auf der Stuhllehne, bisher geschlafen hatte, zuckte instinktiv zusammen und wachte auf. „Die Rednertribüne betritt ein Bauernaktivist“, sauste sein Bleistift über das Papier.

„Wer ist das?“ fragte der Referent, indem er sich zum Leiter beugte.

„Ein Fuhrmann“, antwortete der „Ich weiß nicht, was dem in den Kopf gestiegen ist.“

„Mensch! Ein wirklicher Bauer!“ gratulierte der Präsident dem Ortsdirektor.

Der Bauer stützte sich mit beiden Händen auf das Pult. Zu so vielen Versammelten zu sprechen, war für ihn eine große Anstrengung. Es bereitete ihm kein Vergnügen, aber es kam ihm nicht in den Sinn, den Aufruf des Vorsitzenden auf die leichte Schulter zu nehmen. Er sagte:

„Ich verstehe mich nicht auf die verschiedenen Dinger da, aber ich möchte fragen, warum es bei uns auf dem Dorf keine Nägel und Dachplatten gibt. Wir wissen, daß Nägel und Dachplatten in die Kreisstadt kommen, aber wir haben dergleichen schon lange nicht mehr zu Gesicht bekommen. Und die Leute bei uns brauchen Nägel und Dachplatten. Das wollte ich sagen."

Kaum hatte er geendet, als sich ein denkwürdiger Beifall erhob. Ortsvorsteher und Referenten riefen Bravo. Der Journalist beugte sich über seinen Notizblock, als hinge er am Hals eines galoppierenden Pferdes. „Ein echter Kämpfer . . ." schrieb er. Rot vor Freude lief der Vorsitzende auf den Diskussionsredner zu:

„Genosse Bauer!" rief er. „Herzlich danken wir Euch, daß Ihr mit Euren kurzen bäuerlichen Worten an unserer Versammlung Anteil genommen habt."

„Bravo! Bravo!" unterbrachen ihn die Versammelten. Die Rührung war allgemein.

„Ihr habt aber ein Stück Arbeit auf dem Lande geleistet", sagte der Präsident zum Ortsdirektor, während er ihm auf die Schultern klopfte. Und auf einmal wurde die „Internationale" angestimmt.

Der junge Diskussionsredner setzte sich wieder auf seinen Platz an der Tür. Er verstand nicht, warum man ihm so viel Beifall spendete. Die Sache mit den Nägeln und Dachplatten war ihm wichtig, aber davon sprach jetzt niemand mehr. Zum Schluß sagten Mädchen in krakauer Tracht Gedichte auf. Dann verließen die Versammlungsteilnehmer den Saal. An den bescheiden in der Ecke stehenden Burschen wandten sich zwei Unbekannte.

„Ihr müßt uns einen kleinen Gefallen erweisen", sagte der Dickere. „Wir haben gehört, was Ihr gesagt habt. Wir sind aus . . . (Sie nannten den Namen der Woiwodschafts-

stadt.) Morgen haben wir eine Bezirksversammlung der Mitglieder der Nahrungsmittelgenossenschaften. Es wäre gut, wenn Ihr dort als Diskussionsredner auftreten würdet."
„Die Sache ist politisch wichtig, vergeßt das nicht", fiel trocken der andere dazwischen. „Es geht um den Beitrag der werktätigen Bauernschaft."
„Und Euch macht es doch nicht viel aus" drängte der erste. „Aber unsere Versammlung sieht gleich ganz anders aus, und dann interessiert sich auch die Zeitung dafür."
Ein Bekannter brachte das Pferd und das Fuhrwerk des jungen Bauern nach Hause. Er selbst begab sich, nachdem er die Nacht auf Kosten der Nahrungsmittelgenossenschaft im Hotel verbracht hatte, am anderen Morgen mit den beiden in die Stadt. Er dachte, die Sache mit den Nägeln und Dachplatten, für die sich bei der vorhergehenden Feierstunde letzten Endes doch niemand interessiert hatte, ließe sich auf der Versammlung der Nahrungsmittelbranche voranbringen.
Der Verlauf dieser Versammlung war dem der gestrigen täuschend ähnlich. In einem bestimmten Augenblick gaben ihm seine Betreuer ein Zeichen. Er meldete sich zu Wort, und auf dem Wege zur Rednertribüne wünschte er heiß, Nägel und Dachplatten möchten in sein Dorf gelangen. Man klatschte seinen Worten Beifall, aber sonst kam nichts dabei heraus.
„Lebt wohl!" sagte zum Abschied der Dickere. „Aber ich an Eurer Stelle würde noch nicht nach Hause fahren. Überall in der Stadt hängen Plakate wegen der Versammlung der Maler und Bildhauer. Ihr solltet es dort versuchen. Der Saal ist größer, und die Leute sind intelligenter."
Er wollte nach Hause, aber der Zug ging erst am Abend. Dem von den Straßen der Woiwodschaftsstadt Betäubten

erschien die Versammlung der Maler und Bildhauer als ein sicherer Zufluchtsort. Nach zwei solcher Feiern hatte er sich schon etwas an diese Atmosphäre gewöhnt. Ja, er empfand schon keine Angst mehr vor dem Auftreten in der Öffentlichkeit; die Erwartung des Beifalls bereitete ihm sogar ein gewisses Vergnügen. Auf der Künstlerversammlung trugen die Frauen Hosen, die Männer aber rote und grüne Hemden. Mit der größten Willensanstrengung meldete er sich zu Wort. „Bauer!" knurrte er, als man ihn nach seiner sozialen Herkunft fragte. Er sah sich in seinen Erwartungen nicht enttäuscht. Unter allgemeiner Begeisterung wiederholte er sein Sprüchlein über die Nägel und Dachplatten. Schon tat es ihm nicht mehr leid, daß er den Rat des Genossenschaftsaktivisten befolgt hatte. Sogar nach Beendigung der Feier befaßten sich die Versammelten mit ihm; er mußte ihnen Modell stehen. Allen jedoch lief ein Mann von mächtiger Statur den Rang ab; dieser nahm ihn mit sich in ein Restaurant.

Jener Künstler, der keinerlei Studien hinter sich gebracht hatte, verdiente eine Stange Geld, indem er Gruppen armer Studenten-Lohnarbeiter gegen eine Provision von siebzig Prozent Bestellungen auf Dekorationsporträts abtrat. Dem jungen Bauer schlug er sofort die Teilnahme an einer Mickiewicz-Feier vor.

„Aber bei uns regnet es herein, und meine Frau ...", sträubte sich der.

„Heute wird es nicht regnen; das Wetter ist beständig", sagte der andere. „Mach das für mich, mein Lieber!"

Das Pfeifen des Zuges erhob sich über die Stadt.

Die Mickiewicz-Feier fand in einem Theatersaal statt. Hinter den Kulissen, zwischen der Dekoration für den ‚Bajazzo' von Leoncavallo gab ihm der Maler die letzten Hinweise.

„Du trittst in einem günstigen Moment auf. Aber du mußt kräftig mit den Füßen stampfen. Dann ruf ‚Bauer' und sieh zu, daß es frisch und fröhlich klingt. Nur dein Text muß noch ideologisch unterbaut werden. Am Anfang sagst du: ‚Wir Kleinbauern', und dann erst fängst du mit den Dachplatten an. An den Schluß gehört der Ruf: ‚Es lebe China!' "

Als er nach der Feier aus dem Theater trat, war der Himmel mit grauen Wolken bedeckt, und es goß in Strömen. In der Vorhalle wartete der Künstler mit Delegierten der kosmetischen Betriebe. Diese hatten am nächsten Tag ihre Versammlung.

Am sechsten Tag befand er sich wieder im Zug, in einem Abteil dritter Klasse, und begab sich zu einer Versammlung in einem Betrieb für Versuchsbohrgerät. Das Geräusch der Räder erinnerte ihn an das Rauschen des Beifalls. Unwillkürlich betrachtete er sich im Fenster. Der Zug brachte ihn immer weiter und weiter.

Er schaffte sich ein Reisenecessaire an. Unterkünfte fand er ohne Mühe. Als Teilnehmer an Kongressen und Konferenzen wurden ihm Hotelzimmer reserviert und alle Spesen bezahlt. Er verstand es, sparsam zu leben. Aufgeregt erwartete er seine Auftritte. Den Text handhabte er jetzt ganz frei. Zu den Verbesserungen, die damals der Maler beigesteuert hatte, wagte er jetzt schon seine eigenen hinzuzufügen. Zum Beispiel nach der Stelle „lange nicht mehr zu Gesicht bekommen", rief er jetzt meist: „Auf zum gemeinsamen Kampf um eine gute Nachernte!" Das ganze schloß er unweigerlich mit dem Ruf: „Es lebe China!" oder ganz einfach „China! China!"

Er wurde empfindsam für die verschiedenen Schattierungen seines Erfolgs. Immer war er gern gesehen, da er für das Protokoll einer jeden Sitzung, eines jeden Kongresses unweigerlich und ohne das Risiko eines plötzlichen Versagens oder eines Ausbruches von Spontaneität den gesunden Hauch des werktätigen Volkes beisteuerte, den die Organisatoren von Veranstaltungen so sehr schätzen. Auch entsprach sein Text dem behördlichen Bedürfnis nach einem Schuß Kritik. Kein Wunder also, daß in den Berichten und in zahlreichen Akten seiner in ungewöhnlich eingehender, ja hymnischer Weise Erwähnung getan wurde. So verging die Zeit.

Er fing an, sich einen Scheitel zu kämmen. Das neue Leben verwischte in ihm die Erinnerung an die Vergangenheit. Seine Alltagsbeschäftigung setzte sich aus einer nicht abreißenden Kette von Reisen, Aufenthalten auf Bahnhöfen, Kongressen, Auftritten in Festsälen oder unter freiem Himmel zusammen. Er gehörte einem Dutzend Komitees an, wurde in Präsidien gewählt und sogar zum Sozialpaten einer Kinderschule ernannt. Für die Journalisten und Fahrer der Dienstwagen war er eine bekannte Erscheinung. Langsam veränderten sich seine Gewohnheiten. Er lernte es, sich eines Fahrplans zu bedienen und kaufte sich von Zeit zu Zeit Kölnisch Wasser. Nur manchmal, wenn er, eingewiegt von der Erinnerung an die letzte Feier, an den glatten Rhythmus der Reden, im Hotel schlief, wurde er nachts durch das Klopfen der Regentropfen an seinem Fenster wach.

Seine Beschäftigung übte er jetzt mit Schwung und Perfektion aus. Er war selbstsicher geworden und fürchtete nicht einmal mehr die zentralen Kongresse. Konferenzen, Festivale, Präsidien gerieten in seinem Kopf etwas durcheinander, und es war ihm eines Tages nicht ganz klar, warum er mitten unter älteren, meist bärtigen und dunkel gekleideten Genossen in einem Auto saß. In einer Reihe ähnlicher Fahrzeuge schoß der Wagen still durch eine

Stadt und fuhr dann über ihre Peripherie hinaus. Es dämmerte. Ringsum lagen Felder. Nach langer Fahrt standen sie vor einem Tor. Dieses öffnete sich lautlos und gab ihnen den Weg auf einen großen, parkartigen Hof frei, dessen Bäume und Rasenflächen im Lichte von Scheinwerfern in grellem Grün erstrahlten. Es war eine schöne Nacht. Nachdem sie über Treppen und durch Korridore gegangen waren, befanden sie sich in einem Saal, so groß, daß seine Wände im Dunkel verschwanden. Nur auf dem Tisch des Vorsitzenden brannte eine kleine Lampe, deren Licht durch einen Metallschirm gedämpft wurde. Der Saal hatte keine Decke. Aus der Schwärze des Himmels blitzten die Sterne wie ein zu Stein gewordener Wolkenbruch. Die bärtigen Genossen nahmen in Sesseln Platz.

Einer von ihnen begrüßte die Versammelten und fragte, wer das Wort ergreifen wolle.

„Ich!“ rief er. „Ich will sprechen.“

Aber niemand fragte ihn nach seinem Beruf.

„Wir Kleinbauern ...“ rief er und schöpfte Atem in Erwartung der Beifallsrufe. Aber nichts rührte sich. „Wir Kleinbauern!“ rief er lauter. „Wir kennen uns nicht aus in diesen verschiedenen Dingern da, aber die Kreisstadt hat Nägel und Dachplatten erhalten, und bei uns gibt es keine, und die Leute ...“

Seine Stimme versickerte in der Stille. Nach einem Augenblick erklärte der Vorsitzende: „Dies ist ein Astronomenkongreß. Sie sind anscheinend kein Kollege. Wer sind Sie?“

„Ich bin ein Bauer“, antwortete er.

„Ein Bauer? zeigen Sie Ihre Hände!“

Er näherte sich der Lampe, so man seine Hände deutlich sehen konnte. Von schwerer Arbeit war keine Spur an ihnen geblieben, sie waren fein und weiß.

Unter dem Schweigen der Himmelskörper, die ein kaltes Licht verstäubten, brachten ihn die Hausdiener hinaus.

Am Bächlein erhebt sich eine Birke, und nicht weit davon steht eine Hütte. Wind und Regen haben Löcher ins Dach gerissen und das Häuschen verheert. Auf der Schwelle sitzt die vor Sehnsucht frühzeitig gealterte Frau, sie blickt nach dem Wege, sieht sich die Augen wund nach dem Erwarteten.

Als er endlich kam, war er ein anderer geworden. Auf dem Kopf hatte er einen Scheitel und in der Hand ein Reisenecessaire. Er umarmte sie nicht, als sie ihm entgegeneilte, sondern rief eingebildet:

„Wir Kleinbauern ..."

AUS DEM ALTERSHEIM

In unserem Altersheim brodelt es heute wie in einem Bienenstock. Wie gewöhnlich trägt man mich zum Frühstück hinunter, und da hängt in unserem Freizeitraum an der Wandzeitung ein neues „Telegramm". Und was meinen Sie, gegen wen es gerichtet ist? Gegen unseren Sekretär, den Kollegen Gluś. Das war vielleicht eine Überraschung! Denn der Kollege Gluś konnte mit uns seit fünf Jahren, obwohl er ein Rotzlöffel von gerade siebzig ist, anstellen, was ihm nur einfiel. So hat er zum Beispiel am Jahrestag der Revolution die Losung ausgegeben, jeder von uns müsse sich verpflichten, vorfristig zu sterben. Dabei sagt er keineswegs nein, wenn ihm jemand heimlich Haferschleim zuschiebt. Man behauptet sogar von ihm, für Haferschleim täte er alles. Als der Kollege Pyziewicz, der völlig taub ist, im Jahre 1952 bei einer Feierstunde guten

Glaubens „Lang lebe Zar Nikolaus!" gerufen hat, da zog Kollege Gluś seine Konsequenzen. Bekannt wurde nur, daß zwei Kerle gekommen sind und das Gebiß versiegelt haben, das Kollege Gluś auf den Nachttisch gelegt hatte. Was aus dem Kollegen Pyziewicz geworden ist, weiß bis heute niemand. Das Gebiß ist immer noch versiegelt.

Jeder, der irgendeine Vergangenheit hatte, fürchtete den Kollegen Gluś wie das Feuer. Der hochbetagte Pac-Pacyński, der in seiner Jugend von den antifeudalen Rebellen Szelas angesägt wurde, mußte in seinem Fragebogen angeben, Oberst Beck habe ihn angesägt, weil er gegen die „Sanacja" aufgetreten sei. Kollege Kaczka, den Gluś während einer Versammlung rügte, weil er schwedische Gymnastik trieb, brach zusammen und färbte seinen Bart rot. Die Kollegin Noga dagegen trug von altersher Zöpfe. Da entdeckte Kollege Gluś, daß das eine Verspottung der Chinesen sei, verstehen Sie, unseres Chinas, der Volksrepublik. Kollegin Noga konnte sich nur durch die Selbstverpflichtung retten, für den 1. Mai Transparente zu stricken.

Auch mir hat er allerhand angetan. Weil ich Balalaika spielen kann, hat mich Kollege Gluś zum Vorsitzenden des Mitschurin-Kreises ernannt. Das war gar nicht so schlecht, weil ich dadurch eine Befreiung vom Hindernislauf erhielt. Aber eines Tages kam eine Kommission, und ich mußte ein Kilo Schrot essen, um den Eindruck zu erwecken, es sei uns gelungen, eine besondere Art Heidelbeeren trocken und ohne Verwendung von Wald zu züchten.

Den Tag, als der Kollegin Etual die Puderdose herausfiel, werden wir alle nicht vergessen. Die Kollegin Etual ist ungefähr im gleichen Alter wie Kollege Gluś, deshalb müßte man ihr gegenüber etwas nachsichtig sein. Aber Kollege Gluś führte einen Schauprozeß durch, in dessen

Verlauf auf unser ganzes Heim der Vorwurf des Gomulkismus fiel. Kollegin Etual machte einen inneren Umbruch durch und begann, Gedichte zu Ehren der Kleinbauern zu schreiben. Einen dieser Verse müßte ich eigentlich bei mir haben; Kollege Gluś hat uns damals befohlen, ihn auswendig zu lernen. Wo habe ich ihn bloß, einen Augenblick, da ist er ja schon:

Kleinbauer du,
Schlicht und einfach immerzu!
Hast nicht Feld und Weide
Und lieferst doch Getreide.

Ein nettes Gedichtchen, nicht wahr?
Der Kollege Gluś hat noch mehr solcher Sachen gemacht. Einmal, als ein schreckliches Gewitter war, hat sich Kollege Tran geringschätzig darüber geäußert, indem er behauptete, 1880 sei ein schlimmeres Unwetter gewesen. Daraufhin beschuldigte ihn Kollege Gluś der Miesmacherei und der Verherrlichung der Vergangenheit. Kollege Gluś hat eine kranke Leber. Wenn er davon spricht, sagt er immer nur: „Diese verfluchte Hinterlassenschaft des Kapitalismus“. Einmal zwang er uns, den Antrag zu stellen, daß unser Haus, das bisher einfach „Altersheim“ hieß, in „Altersheim Aufwärts“ umbenannt würde. Und an diesem Mann, den wir alle gefürchtet haben, wurde heute Kritik geübt. Wir haben es doch noch erlebt, daß seine Methoden gebrandmarkt wurden. Alle drängen sich um das „Telegramm“ und wollen es mit eigenen Augen lesen. Unten in der Ecke hängt es, und es enthält die Bemerkung, daß Kollege Gluś im Schlaf zu laut schnarcht. Ja, ja, eine neue Zeit ist angebrochen.

DER LETZTE HUSAR

Diesen Lucius umgibt ein Schleier des Geheimnisvollen und der Bedeutsamkeit. Manche Menschen, seine Bekannten, wissen mehr oder weniger darum, aber alles wissen nur einige. Alles wissen nur seine Gattin, seine Mutter und seine Großmutter. Die übrigen Verwandten des Lucius, ja sogar seine Kinder, sind auf Vermutungen angewiesen.

Tagtäglich, wenn die Kinder schlafen gegangen sind und Lucius in Pantoffeln mit der Zeitung in der Hand unter der Lampe sitzt, tritt seine Frau auf ihn zu, birgt ihr Haupt auf seinen Knien, schaut ihm lange, lange in die Augen und flüstert dann: „Um Gottes willen, Lucius, nimm dich in acht."

Lucius verabscheut Fleischsuppe aus Kalbsknochen und die neue Ordnung.

Lucius ist ein Held.

Manchmal kommt er mit leuchtendem Gesicht heim. Kein Wort ist aus ihm herauszubringen. Aber seine Angehörigen wissen, daß er manches zu sagen hätte, wenn er könnte und möchte. Am Abend fragt ihn seine Frau schüchtern, aber mit unverhohlener Bewunderung: „Abermals?"

Lucius nickt und reckt sich. Seine ganze Gestalt drückt männliche Kraft aus.

„Wo?" fragt seine Gattin, erschrocken ob ihrer eigenen Vermessenheit weiter.

Er erhebt sich, schreitet zur Tür, reißt sie mit einem Ruck auf, um einen etwaigen Lauscher zu überraschen, überprüft dann die Rolläden am Fenster und sagt schließlich mit gedämpfter Stimme: „Am üblichen Ort."

„Oh, du!" erwidert seine Gattin, und mit diesem einen Wort ist alles gesagt.

Unter Lucius' näheren Bekannten kursiert, wie erwähnt, unklar und erregend die Meinung: Lucius muß sich in acht nehmen. Droht Lucius eine Gefahr? Oh, dieser Lucius! Lucius läßt sich von d e n e n nicht unterkriegen.

Seine Mutter sorgt sich um Lucius, aber sie ist stolz auf ihn. Wenn sie von ihm spricht, sagt sie immer „mein Sohn". Lucius' Großmutter dagegen, diese ungebeugte Matrone, empfindet nur Stolz. Niemals würde sie Angst verraten. Zu ihrer Tochter, Lucius' Mutter, spricht sie: „In Zeiten wie den unsern muß man sein Leben aufs Spiel setzen. Unsere Sache bedarf unerschrockener Männer. Lebte Eustachy noch, er würde ebenso handeln wie Lucius."

Auch im Gespräch mit ihren Urenkeln macht sie Andeutungen: „Seid froh, daß ihr einen solchen Vater habt." Sie zeigt ihnen Bilder mit Rittern, die in Federbüschen über eine Ebene galoppieren: „Euer Vater könnte einer von ihnen sein. Auch er ist ein ganzer Mann."

Lucius seinerseits betritt die öffentliche Bedürfnisanstalt. Sorgfältig verriegelt er die Tür seiner Kabine. Er wartet einen Augenblick, sieht sich mit dem Blick eines Tigers um, ob er wirklich allein ist, zieht blitzschnell einen Bleistift aus der Tasche und schreibt „Nieder mit dem Bolschewismus!" an die Wand.

Dann eilt er aus der Toilette, springt in die erste beste Droschke oder in ein Taxi und fährt auf Umwegen nach Hause.

Abends fragt ihn seine Frau dann schüchtern: „Abermals?"

Schon lange handelt Lucius so, und obwohl dieses anstrengende Leben seine Nerven angreift und ihm Schlaflosigkeit verursacht, gibt er nicht nach.

Lucius ist vorsichtig. Er wechselt den Charakter seiner Schrift. Manchmal borgt er sich auch im Büro die Füllfeder seines Vorgesetzten aus. „Wenn sie herausbekommen, wem die Feder gehört, mit der ich schreibe . . . ha, ha! . . .“ Drohend lacht er bei dem Gedanken, wie übel es dem Bürovorsteher bekommen wird, wenn Lucius die Häscher auf diese falsche Fährte gesetzt hat.

Manchmal gerät Lucius in Lagen, daß ihm das Blut in den Adern gerinnt. Dann sieht es aus, als gäbe es keinen Ausweg mehr. Eines Tages zum Beispiel, als er gerade „Katholiken lassen sich nicht unterkriegen“ an die Wand schrieb, rüttelte jemand an der Tür. Lucius blieb das Herz stehen. Sicher waren es jene. Fieberhaft wischte er die soeben angebrachte Schrift aus. Die Schläge an die Tür ließen nicht nach. Lucius verschluckte noch seinen Bleistift, und erst dann öffnete er. Herein stürmte ein stämmiger Mann mit rotem Gesicht und einer Aktentasche in der Hand. „Der Staatsanwalt“, fuhr es Lucius durch den Kopf. Ohne ein Wort zu sagen, schob der Unbekannte Lucius hinaus und schloß sich ein. Aber Lucius mußte noch lange an diesen Augenblick denken.

Auch die Gesichter der Toilettenfrauen verursachten ihm Unruhe. Wie leicht konnten sich Überwacher unter dieser Maske verstecken!

Als er an einem Wintertag zu seinem üblichen Schlachtfeld kam, blieb er stehen und erstarrte. Die Tür der Bedürfnisanstalt war geschlossen. Quer darüber stand in Kreide und zweifellos von der Hand der Häscher geschrieben die brutalen Worte „Wegen Umbau geschlossen“.

Lucius fühlte sich wie ein Husar, dem im Schlachtgetümmel die Lanze entwunden wurde, der sich umblickt und merkt, daß er unbewaffnet ist.

Aber er beschloß weiterzukämpfen. Er ging zum Bahnhof. Dort jedoch kam gerade eine Kompanie Soldaten vom Bahnsteig, und viele von ihnen wollten den gleichen Ort aufsuchen wie Lucius. Dieser faßte einen Verdacht. Mit der vielsagenden Maßnahme der Schließung hatte es also nicht sein Bewenden. Überdies war noch der Ausnahmezustand verhängt. Mit seinem inneren Auge sah er, wie alle Bahnsteige und Abtritte von der Armee besetzt waren. Aber Lucius sollten sie nicht kriegen! Lucius ist gerissen; Lucius weiß Bescheid.

Er zweifelte nicht daran, daß sich die Häscher in allen übrigen Objekten der Stadt herumdrückten, also auch im Hotel „Polonia" und in der allgemeinen Speiseanstalt „Gastronom I" waren. Und dennoch wollte er das letzte Wort haben. Unter Anwendung aller Vorsichtsmaßnahmen stieg er in einen Zug. Bei der ersten Station stieg er aus. In einiger Entfernung lag ein armseliges Dörfchen. Als er endlich zum ersten Haus gelangt war, fragte er dort nach einer Toilette.

„Was wollen Sie?" wunderte man sich. „Wir, mein lieber Herr, gehen selber in den Wald zu diesem Zweck."

In der Schonung war es bereits zwielichtig. „Um so besser!" dachte Lucius. Er drang bis in die Mitte des Dickichts vor und schrieb dann mit einem abgebrochenen Zweig „General Franco wird es euch zeigen" in den Schnee.

Daraufhin kehrte er heim. An jenem Abend stand er lange vor dem Spiegel. Er hatte den Eindruck, daß an diese Schultern Adlerflügel paßten.

PFERDCHEN

In einer Familienangelegenheit mußte ich nach N. Ich hatte von dort einen Brief voll orthographischer Fehler erhalten, der offenbar von einer der Feder ungewohnten Hand stammte. Irgendeine gute Haut teilte mir mit, daß die Überreste meines Großvaters, eines Aufständischen des Jahres 1863, auf Veranlassung des Direktors eines staatlichen Gestüts aus der repräsentativen Grabstätte entfernt worden seien. An ihrer Stelle habe der Direktor seine Sekretärin beerdigen lassen, die, wie jedermann wisse, zu Lebzeiten seine Geliebte war. Der Briefschreiber teilte mir seinen Namen nicht mit, gab mir aber zu verstehen, daß er sich ohnedies großen Gefahren aussetze. Ich nahm zwei Tage Urlaub und fuhr nach N. Ich hatte dieses Städtchen nie zuvor gesehen. Von der Station aus begab ich mich sofort zum Haus des dortigen Totengräbers. Ich traf ihn jedoch nicht an, da er, wie mir seine Frau erklärte, gerade zur Schmiede gegangen war, um ein Pferd beschlagen zu lassen. Ich beschloß zu warten und setzte mich auf eine Bank an der Friedhofsmauer. Endlich erschien der Totengräber auf dem Pfad – ein ungeschlachter, finster blickender Kerl, der ein Pferd am Zaum führte, oder besser gesagt, ein schönes kleines Pony mit leuchtendem Fell, dessen neue Hufeisen hell aufklangen, wenn sie dann und wann an einen Stein stießen. Als er den Grund meines Besuches begriff, wurde der Totengräber noch abweisender, warf mir einen bösen Blick zu und erklärte, er wisse von nichts. Dann ließ er mich stehen und verschwand im Friedhof.

So begab ich mich also zum städtischen Nationalrat. Vor dem Gebäude stand, an einen Pfosten gebunden, ein kleines Pferd. Ich wurde vom Vorsitzenden empfangen und sagte, worum es ging. Zur Antwort erklärte er mir alles mögliche, was nichts mit der Sache zu tun hatte, schlug aber, als ich nicht locker ließ, einen anderen Ton an: „Es ist Euch vielleicht nicht bekannt, daß es einen Beschluß des Stadtrats gibt, an Stelle Eures Großvaters einen eigens überführten koreanischen Partisanen zu bestatten. Ich nehme an, daß die politische Richtigkeit dieses Schrittes Euch einleuchtet." Dabei sah er mir forschend in die Augen.
Empört verließ ich den Stadtrat und eilte geradewegs zum Kreisrat. Der Vorsitzende dort war ein energischer junger Mann mit hellem Blick. Als ich ihm den Verlauf meiner vorausgehenden Besuche mitteilte, empörte auch er sich: „Ja, es gibt noch viele Unvollkommenheiten bei den unteren Instanzen. Ihr Großvater? Wir haben schon etwas in dieser Sache gehört. Ja, wir werden uns bemühen, das alles aufzuklären. Aber ..."
„Aber?"
„Aber das wird eine gewisse Zeit in Anspruch nehmen."
In diesem Augenblick ertönte hinter der Tür, die vom Arbeitszimmer in den nächsten Raum führte, ein schmetterndes, munteres Wiehern, ein Wiehern, wie es nur sehr kleinen Pferden, Ponys oder Kucys, wie man bei uns sagt, eigen ist.
Die Augen des Vorsitzenden irrten unruhig umher. Mein Herz krampfte sich unter der eisigen Kälte eines bösen Vorgefühls zusammen. Ich drehte mich um und lief davon. Der Totengräber mit Pony, ein Pony vor dem Stadtrat, das Wiehern im Kreisrat! Hatten nicht diese Ponys etwas mit dem Widerstand zu tun, auf den ich überall stieß, sobald ich die Sache mit den Überresten meines Großvaters,

eines Rittmeisters, aufklären wollte? Es mußte ein Zusammenhang bestehen zwischen dem der Gerechtigkeit hohnsprechenden Verhalten und diesen kleinen Pferden. Mit hängendem Kopf begab ich mich zum Sitz der Nationalen Front. Als ich angelangt war, blieb ich wie angewurzelt stehen. Vor dem Tor erblickte ich einen Zweispänner mit zwei schönen, rassigen Ponys. Ich drehte mich um und ging langsam zurück.

Ich mußte feststellen, daß die Kinder des Staatsanwaltes auf Ponys in die Schule reiten. Nachdem ich über eine Mauer gestiegen war, entdeckte ich in den Beeten des Präsidenten der Bauernselbsthilfe deutliche Spuren von kleinen Hufen. Auch der Präsident des Verbandes der Widerstandskämpfer und der Leiter des Delikatessengeschäftes besaßen seit einiger Zeit Ponys. Aber was nützten mir diese Entdeckungen? Besiegt verließ ich N. Vor dem Bahnhof kontrollierte ein Miliziant meine Ausweise. Der Miliziant saß auf einem Pony.

Erst einige Zeit später fiel mir eine Zeitung mit folgender Notiz in die Hände: „Der Direktor des staatlichen Gestüts von N. wurde wegen Vergeudung von Staatsgut nach D. strafversetzt. Die nach N. entsandten Inspektoren hatte er zu bestechen versucht, indem er ihnen Ponys anbot."

Später erhielt ich die Mitteilung, daß meine in D. im Altersheim lebende Großmutter, eine verdiente Frauenrechtlerin, durch den Direktor des Gestüts brutal ausgewiesen worden sei. An ihrer Stelle habe dieser dort seine eigene Großmutter, eine ehemalige Dirne aus Klondike untergebracht. Ich fuhr nach D. Das Tor des Altersheims öffnete mir der Hausmeister, ein Zwerg. Am Zügel hielt er einen riesigen Percheron.

Ohne ein Wort zu sagen, drehte ich mich um und fuhr ab.

EIN ANSTÄNDIGER MENSCH

Auch in diesem abgelegenen, wiewohl ausgedehnten Winkel des Landes änderten sich die Jahreszeiten, fielen Niederschläge, wehten Winde, schien die Sonne, so daß sich unter diesem Gesichtspunkt die gottverlassene Gegend nicht von der Hauptstadt unterschied und man sich nur wundern konnte, warum für sie ein solcher Aufwand gemacht wurde. Mit Rücksicht auf diesen Tatbestand wurde dort eine meteorologische Station eingerichtet, eine Art rechteckiges, von einem weißen Zaun umgebenes Gärtchen, in dessen Mitte auf dünnen, hohen Beinchen eine Kiste mit den Instrumenten stand. Gleich daneben wohnte der Stationsleiter. Er hatte sich nicht nur um den Hydrographen und den Aerometer zu kümmern, sondern auch Berichte an seine vorgesetzte Behörde zu schicken, in denen der Stand des Wetters genau beschrieben sein mußte, damit die Behörde, falls jemand sie nach dem Wetter fragen sollte, nicht in Verlegenheit geriete, sondern mit einem Blick auf den Schreibtisch gleich die Antwort parat hätte.

Der Leiter war ein gewissenhafter Mann. Seine Berichte schrieb er kalligraphisch in großen Buchstaben und ganz der Wahrheit entsprechend. Wenn es regnete, ruhte er nicht, ehe er diesen Regen von allen Seiten beschrieben hatte, wann, wie lange und in welchem Maße es regnete... Wenn die Sonne schien, berichtete er über den Sonnenschein. Für ihn gab es keine Unterschiede. Er wußte, daß der Staat schwer arbeiten mußte, um die paar Groschen für ihn erübrigen zu können; also gab er sich alle Mühe.

Arbeit hatte er ständig, denn auf seinem Gebiet war immer dieses oder ein anderes Wetter. Im Spätsommer zogen oft Gewitter auf; die Niederschläge waren zahlreich. Wahrheitsgemäß beschrieb er alles und schickte seinen Bericht an die Zentrale. Die Gewitter hörten nicht auf.

Eines Tages besuchte ihn ein alter Meteorolog, der auf der Durchreise war. Nachdem er sich die Arbeit seines Gastgebers angesehen hatte, murmelte er beim Weggehen:

„Meinen Sie nicht, Kollege, daß Ihre Berichte ein wenig zu traurig sind?"

„Wieso?" wunderte sich der Stationsleiter. „Sie sehen doch selbst, Herr Kollege, wie es gießt."

„Na ja, sicher! Alle wissen das. Aber verstehen Sie denn nicht, daß man an die ganze Sache bewußt und wissenschaftlich herangehen muß. Mich geht's ja nichts an, ich mein's ja nur gut mit Ihnen."

Der alte Meteorologe zog seine Gummischuhe an, und noch als er abfuhr, schüttelte er den Kopf; der junge blieb und schrieb seinen Bericht. Besorgt schaute er in den Himmel, aber er schrieb weiter.

Kurz darauf erhielt er unerwartet eine Vorladung zur Behörde. Es war nicht die höchste, aber immerhin eine Behörde. Er nahm seinen Schirm und reiste ab. Die Behörde empfing ihn in einem schönen Haus. Aufs Dach klopfte der Regen.

„Wir haben Euch vorgeladen, weil wir über die Einseitigkeit Eurer Berichte verwundert sind", sagte der Vertreter der Behörde. „Seit einiger Zeit werden sie immer pessimistischer. Die Ernte steht bevor, und Ihr schreibt immer über Regen. Begreift Ihr denn nicht, welch eine verantwortliche Arbeit Ihr habt?"

„Aber es regnet doch wirklich", versuchte sich der Vorgeladene zu rechtfertigen.

„Macht keine Ausflüchte!“ Der Vertreter der Behörde runzelte die Stirn und schlug auf den Tisch, auf dem ein Stoß von Papieren lag. „Hier haben wir alle Eure letzten Berichte. Das sind Tatsachen! Ihr seid ein fleißiger Arbeiter, aber es fehlt Euch an Rückgrat. Wir dulden keinen Defaitismus.“

Als er das Haus der Behörde verließ, nahm der Meteorologe seinen Schirm unter den Arm und kehrte nach Hause zurück, als wäre das Wetter ganz in Ordnung. Aber trotz seines guten Willens wurde er bis auf die Haut naß, trug einen Katarrh davon und mußte sich zu Bett legen. Den Gedanken, daß ihm dies auf Grund des Regens geschehen sei, wies er zurück. Er freute sich sehr, als das Wetter am nächsten Tag etwas besser wurde. Gleich schrieb er seinen Bericht:

„Es hat völlig aufgehört zu regnen, wobei die Niederschläge auch vorher nirgendwo bedeutend waren. Da und dort hat es halt ein bißchen getröpfelt ... Aber jetzt, welch ein Sonnenschein!“

Tatsächlich, die Sonne schien, es wurde heiß, und die Erde begann zu dampfen. Während er seine Arbeit verrichtete, trällerte er ein Lied. Gegen Mittag zogen sich langsam Wolken zusammen; der Leiter der Station suchte im Haus Zuflucht. Vielleicht wäre er sogar unter freiem Himmel geblieben, hätte er nicht befürchtet, sich eine Grippe zu holen. Es näherte sich die Stunde des Berichts. Während er auf seinem Stuhl herumrutschte, schrieb er: „Oh, diese Sonne! Schon Kopernikus hat bewiesen, daß sie nur scheinbar untergeht, im Grunde jedoch immer scheint, allein ...“ Hier wurde es ihm schwer ums Herz. Als der erste Blitz niederging, schüttelte er seinen Opportunismus ab und schrieb einfach: „17 Uhr – Sturm und Gewitter.“

Am nächsten Tag donnerte es wieder. Er berichtete es. Am Tage darauf donnerte es nicht, es hagelte. Auch das meldete er. Er fühlte sich merkwürdig ruhig, ja zufrieden. Erst als der Briefträger eine Vorladung brachte, verging ihm die Stimmung. Diesmal mußte er zur zentralen Behörde.

Nachdem er zu seiner Station zurückgekommen war, kannte er kein Zögern mehr. Das nächste Dutzend Berichte vermeldete ausschließlich heiteres Wetter auf seinem Gebiet. Manchmal schrieb er dialektische Berichte: „Stellenweise vorübergehende Regenschauer verursachten gewisse Überschwemmungen. Aber die mutige Haltung unserer Pioniere und Rettungsmannschaften ist unerschütterlich."

Dann folgten wieder Beschreibungen des Sonnenscheins, manche sogar in Gedichtform. Erst zwei Monate später verfaßte er einen Bericht, welcher der Behörde auffallen mußte. Der Bericht lautete: „Eine verteufelte Wolke ist gebrochen." Darunter war noch mit Bleistift und offensichtlich in Eile geschrieben: „Aber dem Jungen, der der Witwe im Dorf geboren wurde, geht es ausgezeichnet, und dabei hatten alle geglaubt, er werde gleich abkratzen."

Wie die Untersuchungen ergaben, entstand jener Bericht, als er sich für den Erlös der heimlich verkauften Aerometer und Hydrometer betrunken hatte. Den zweiten Teil hatte er im letzten Augenblick, auf der Post, dazugeschrieben.

Später wurde das schöne, sonnige Wetter in seiner Gegend durch nichts mehr gestört. Ihn selbst erschlug ein Blitz, als er während eines Gewitters aufs Feld ging, um die Wolken mit Hilfe eines geweihten Lourdes-Glöckleins zu vertreiben. Denn im Grunde war er eben ein anständiger Mensch.

ERZÄHLUNGEN MEINES ONKELS

I.

Te Deum. Die Trauung und die Hochzeit waren ergreifend. Die Braut erhielt eine Menge Geschenke; darunter auch einen Radioapparat, einen mit sechs Röhren. Der Spender war ein Kollege der Braut, Franio, ihr Jugendgespiele. Alle bewunderten das Geschenk. Der Apparat wurde gleich angeschlossen, und das erste, was hereinkam, war der Walzer „An der schönen blauen Donau".

Die Neuvermählten, die Eltern, Brautjungfern, Brautführer und geladenen Gäste nahmen munter an der langen Tafel Platz. Rechts neben der Braut saß der Bräutigam, links neben ihr der junge Kerl, der das Radio geschenkt hatte. Beim französischen Salat gedachten die Brauteltern gerührt der Kinder- und Jungfernzeit der Braut.

„Immer war sie ein liebes Kind; gelt, Herr Franio?"

Der junge Mann nickte. Die Alten waren glücklich der Hochzeit wegen, und die großzügige Geste Franios, des Spenders, verpflichtete sie, diesen mit besonderer Aufmerksamkeit zu behandeln. Deshalb wandten sie sich immer wieder an ihn.

„Mein Gott", seufzte die Mama zu Tränen gerührt, „wie anhänglich sie immer war und wie begabt, gelt, Herr Franio?"

Herr Franio nickte.

„Wie gut sie immer gelernt hat; aber auch wenn es um ein unschuldiges Vergnügen ging, war sie meist die erste", fuhr die Mama fort. „Was war das doch für ein Fest, als wir ihr nach dem Abitur ein Fahrrad kauften! Fahren konnte sie ja schon vorher. Herr Franio hat es ihr auf dem Hof beigebracht. Sie hat es schnell gelernt. Nicht wahr, Herr Franio?"

Herr Franio nickte.

„Solch ein Fahrrad ist eine gute Sache." Plötzlich wurde der Brautvater lebendig. „Ich erinnere mich noch ..."

Die Brautmutter fuhr jedoch verträumt fort: „Jugend, Fröhlichkeit, Gesang, Leben, Freude! Zu meiner Zeit hatten es die jungen Leute nicht so gut wie ihr. Sport, Ausflüge, ihr stiegt einfach in den Sattel und los ging's in den Wald für den ganzen Sonntag."

„Das war an Pfingsten", sagte Herr Franio und legte sich noch eine Portion Salat auf den Teller.

„Pfingsten gießt es immer", erklärte der Bräutigam.

„Oh, im Gegenteil!" rief die Mama, „Pfingsten ist meist schönes Wetter, nicht wahr, Herr Franio?"

Herr Franio nickte.

„Die schöne blaue Donau" war zu Ende. Als nächster Walzer folgte „Künstlerleben". Der Bräutigam dachte, wie schön es sein werde, wenn alle schon gegangen wären, mit der Braut Radio zu hören.

Daraus entstand sogar ein Sprichwort: „Er freut sich wie der Bräutigam mit dem Radioapparat."

II.

Da besuchte mich einmal ein entfernter Vetter, ein Missionar. Von Kopf bis Fuß trug er ein geistliches Gewand. Wir küßten uns auf beide Wangen. Der frischen Luft wegen wollte er ein paar Tage bei mir bleiben. Ich fragte ihn aus, was es so in diesen Negerländern gäbe, aber er sollte erst jetzt dorthin fahren und konnte mir also nicht viel sagen. Mich packte plötzlich die Neugier. Beim Hausierer kaufte ich ein Buch mit dem Titel „Missionsführer", in dem verschiedene Methoden beschrieben waren. Manchmal saß ich mit dem Vetter auf der Veranda, dann lasen wir, bis es dunkel wurde. Am meisten wunderte mich, wie gern diese Neger Missionare mögen. Die Menschen sind halt doch sehr verschieden. Dem einen geht ein Rumpsteak über alles, für den andern ist ein Mittagessen ohne Pfarrer überhaupt kein richtiges Essen.

Wir lasen bis zur Dunkelheit, obwohl die Mücken stachen und es empfindlich kühl wurde. Manchmal packte uns der Eifer. Dann hörten wir auf zu lesen, und ich fragte den Vetter:

„Sag, Wacek, wirst du sie auch wirklich bekehren?"

Er antwortete: „Ich bekehre sie."

Da umarmte ich ihn, und beiden wurde uns ganz weh zumute.

Nach und nach lernte ich alles über dieses Afrika. Über die Löwen zum Beispiel hätte ich, mitten in der Nacht geweckt, ganze Lektionen aufsagen können, und Lianen waren mir bald vertraut wie Blutsbrüder.

Oft überlegten wir gemeinsam, wie man einen solchen Neger anpacken muß, um ihn glatt zu bekehren. Manchmal probten wir das sogar. Ich stellte mich mitten auf die Veranda, ich war der Neger, und Wacek mußte mich bekehren. Er hatte wirklich Begabung dafür. Ich konnte mich anstellen, wie ich wollte, am Ende kriegte er mich doch herum. Aber ich machte es ihm nicht leicht; der Wacek geriet manchmal richtig ins Schwitzen, ehe ich bekehrt war. Gegen Mitte des Sommers hatten wir das schon genug geübt. Zur Abwechslung versuchte ich es jetzt, und Wacek spielte einen Neger. Anfangs war ihm das etwas peinlich, aber dann spurte er und schließlich meinte er, auf diese Weise lerne er am besten die Seele der Neger kennen. Ich verstand mich schließlich so gut auf das Bekehren, daß ich imstande gewesen wäre, ganz allein pro Tag ein Schock Neger zu bekehren, und bei gutem Wetter sogar noch mehr.

Erst im August ungefähr ließen wir etwas nach. Wacek war schließlich Missionar, er konnte sich damit stundenlang beschäftigen, aber ich hatte noch andere Dinge im Kopf. Die Ernte kam, dann die Drescharbeiten ... In dieser Zeit vernachlässigte ich ihn etwas; ich ging aufs Feld, und Wacek sammelte Preiselbeeren oder saß auf der Schaukel im Garten. Beim Abendessen machte ich einmal die Andeutung, daß sich die Neger am besten vor dem Herbst bekehren ließen. Auch müsse man über ihren Küchenzettel etwas genauer nachdenken. Es sei doch schließlich ganz unmöglich, daß sie Gemüse grundsätzlich verschmähten. Am besten sei, er nehme Preiselbeeren in Essig und getrocknete Fadennudeln mit, das solle er sie probieren lassen und ihnen zeigen, wie man es zubereite. Sicherlich ließen sie sich darauf abrichten und seien dann nicht mehr so auf Missionare versessen. Außerdem wäre das auch gesünder, denn was könnten schon viel Vitamine in solchen Missionaren sein. Ich schlug dem Wacek sogar vor, ich würde ihm das alles für die Reise herrichten, obwohl ich ja auch nicht im Überfluß lebe. Aber die Zeit verstrich, und Wacek blieb.

Wir fingen sogar an Schach zu spielen, denn die Abende wurden immer länger. Manchmal, wenn er mir die Königin oder einen Springer nahm, deutete ich an, bekehre man einen solchen Neger nicht vor Martini, sei es Essig damit, denn die Neger fingen grundsätzlich nichts mit dem neuen Jahr an. Dann spielten wir Sechsundsechzig, aber auch beim Kartenspiel hatte Wacek Glück wie selten einer. Wenn ich in meine Karten schaute und einen armseligen Buben erblickte, erinnerte mich der an einen Neger, und ich sagte: „Um einen solchen Neger richtig zu bekehren, muß man möglichst früh anfangen. Nachher fehlt die Zeit, weil immer etwas dazwischenkommt, und es gibt nichts Schlimmeres als einen halbbekehrten Neger."

Aber ich machte immer nur ganz diskrete Andeutungen. Erst im Oktober sagte ich einmal ein unüberlegtes Wort, und das kann ich mir bis heute nicht verzeihen.

Es war noch nicht spät, wir saßen beim Abendessen, aber der Kälte wegen schon nicht mehr auf der Veranda. Wacek bat mich, ich solle ihm das Salz reichen. Und darauf sagte ich:

„Salz ist Salz, und Neger sind Neger."

„Was willst du damit sagen?" fragte Wacek und legte den Löffel weg. Boshaft hieb ich meine Gabel in ein Stück Ochsenfleisch und schwieg. Darauf Wacek:

„Wenn ich dir im Wege bin, dann gehe ich."

Tatsächlich stand er auf und ging in den Garten. Er setzte sich an den Teich, mit dem Rücken zum Haus, und blieb dort. Ich aß zu Ende, steckte meine Pfeife an und tat so, als gehe mich das alles nichts an. Ich pfiff sogar vor mich hin, um zu zeigen, wie gleichgültig mir das war. Schließlich wurde es dunkel, und Wacek war noch immer nicht zurück. Ich wurde unruhig, und es tat mir leid; schließlich war Wacek mein Vetter. Zuletzt ging ich auf den Hof und rief nach ihm. Aber es blieb still.

„Wacek! Was sollst du da sitzen. Laß dir doch Zeit, diese Neger bekehren sich schon von alleine."

Aber niemand antwortete. Da rannte ich voll Angst an den Teich. Herr im Himmel! Dort war niemand. Nur das Schilf schwankte, und das Moor war unergründlich.

Bis heute weiß ich nicht: Ist Wacek ausgerutscht und in den Teich gefallen oder ist er nach Afrika gefahren.

Am schlimmsten ist diese Ungewißheit.

DAS EREIGNIS

Meinen Tee trinkend saß ich in einem alten, leeren Café; da sah ich plötzlich einen ganz kleinen Zwerg über den Tisch gehen. Ein Persönchen in grauer Jacke und mit einer Aktentasche. Im ersten Augenblick war ich so überrascht, daß ich mich gar nicht zurechtfand. Als ich jedoch sah, wie der Passant rasch die Zigarettenschachtel umging, auf die gegenüberliegende Tischkante zusteuerte und mich überhaupt nicht beachtete, rief ich: „Hallo!“

Er blieb stehen und blickte auf mich ohne Überraschung. Offensichtlich war es für ihn seit langem klar und erwiesen, daß Wesen meines Formats existierten.

„Hallo!“ sagte ich noch einmal und fügte ungeschickt hinzu: „Was seid denn Ihr für einer?“

Er zuckte die Schultern. Ich merkte, daß ich eine Taktlosigkeit begannen hatte und versuchte, es wieder gutzumachen: „Na ja, selbstverständlich ... alles klar ... verstehe schon ...“ Da ich auf ein anderes Thema kommen wollte, fragte ich: „Was gibt's Neues?“

Auf meine Frage reagierte er ganz gewöhnlich, indem er sagte: „Alles beim alten.“

Schlau schnappte ich für alle Fälle diesen Faden auf und sagte: „Ja, klar!“

Aber dennoch konnte ich mich des Gefühls des Außergewöhnlichen und einer gewissen Erregung nicht erwehren, die mich vom ersten Augenblick an gepackt hatten. Es war ein ganz normaler Tag: Ich wurde gleichmäßig älter, ich bin Bürger eines nicht sehr großen, aber auch nicht ganz kleinen Landes, verdiene meinen Lebensunterhalt, wenn ich auch keine Aussicht habe, je zu einem größeren Vermögen zu kommen. Jetzt, da sich mir Gelegenheit bot, den tieferen Sinn des Lebens zu erfassen, war ich nicht geneigt, darauf zu verzichten. Nachdem ich mich gesammelt hatte, sagte ich gewandt:

„Alles beim alten! Aber wissen Sie, manchmal habe ich den Eindruck, daß das normale Leben nur ein Vorwand ist, eine Oberfläche, unter welcher sich chiffriert eine andere, weitere und tiefere Bedeutung verbirgt. Oder irgendeine Bedeutung jedenfalls. Der zu enge Kontakt mit dem Einzelnen erlaubt uns nicht die Konfrontierung mit dem Ganzen, aber vielleicht kann man dieses doch erahnen."

„Bitte sehr, mein Herr, ich bin ein ganz einfacher Zwerg, was soll ich schon dazu sagen?" antwortete er und schaute mich gleichgültig an.

„Einverstanden! Aber quält nicht auch Sie manchmal die Unruhe, der Eindruck, alles sei im Grunde ganz anders als wir meinen, ganz zu schweigen davon, daß uns mehr Erscheinungen umgeben, als wir wahrzunehmen vermögen? Daß unsere kleinen Alltagserfahrungen nicht das Eigentliche betreffen? Hatten Sie niemals Lust, jenen weichen Dunst zu dúrchdringen, der unser Blickfeld verhängt, um zu sehen, was sich dahinter befindet? Verzeihen Sie meine Zudringlichkeit, aber ich habe so selten Gelegenheit, mit jemandem Ihresgleichen zu sprechen."

„Oh, das macht nichts", sagte er mit konventioneller Höflichkeit. „Aber man ist doch viel zu sehr beschäftigt, als daß man sich mit solchen Sachen den Kopf zerbrechen könnte. Man muß leben. Sie wissen das ja selbst."

Ich konnte das nicht glauben. Für nichts auf der Welt hätte ich auf ein Gespräch verzichtet, welches – und sei es auch nur dank der Art, in der mein Gesprächspartner vor mir stand – so viele Erkenntnismöglichkeiten in gewissem Sinne sogar empirischer Art zu bieten schien.

„Manchmal meine ich“, fuhr ich fort, indem ich ihn vorsichtig mit den Fingernägeln an einen Knopf faßte, „daß man die Geheimnisse doch lösen sollte. Nehmen Sie nur die Kunst! Ich fühle, daß sie ein Grenzgebiet ist, aber ich vermag nicht zu sagen, zwischen welchen Bereichen. Stellen wir uns vor, ich bin der eine, Sie sind der andere. Wo wäre in diesem Falle die Kunst?“

„Ich besitze keine höhere Bildung“, sagte er und versuchte vergeblich, seinen Knopf freizubekommen. Ich war ungefähr fünfzigmal größer als er. „Vielleicht haben Sie recht, aber es gibt so viele verschiedene Richtungen. Das einzige, was einem übrigbleibt, ist, daß man das Leben nimmt, wie es ist.“

„Wieso?“ schrie ich. Da hatte ich ein Wesen vor mir, das allein durch seine Existenz für mich einen ungeheuren Schritt vorwärts bedeutete. Diese Gelegenheit mußte ich ausnutzen. „Wir wollen uns nicht verzetteln! Wie würden Sie die Frage ‚was ist das Leben‘, beantworten?“

„Bitte, ich habe doch schon gesagt, daß ich ein einfacher Zwerg bin. Woher soll ich das alles wissen? Das Leben verstreicht, ein Tag folgt dem andern, und alles muß man nehmen, wie es kommt. Sie sind doch erwachsen.“

„Eben! Das Leben verstreicht. Ich kann nicht daran glauben, daß es so ohne alles verstreicht, ohne Hintergründe, doppelten Boden; irgendwo muß doch ein goldenes Korn, irgendwo muß die Wahrheit sein.“

„Schauen Sie mich doch an“, sagte der Zwerg, weniger ungeduldig, als man hätte erwarten können, „sehe ich so aus, als ob ich eine Antwort darauf wüßte? Bin ich vielleicht ein Pfarrer oder Professor? Die Seltsamkeiten des

Lebens, das ist etwas für die Bücher, aber nicht für uns einfache Zwerge, denen nichts in den Schoß fällt."

„Sie wollen mir also nichts sagen", erwiderte ich, und die unter jenen Umständen verständliche Erregung fiel von mir ab. Ich wußte, daß ich etwas verlor, aber ich ließ den Knopf los. Ich war enttäuscht und niedergeschlagen.

„Sie meinen, daß ich nur nicht will", grämte sich plötzlich der gute Kerl. „Aber mein Ehrenwort, selbst wenn ich manchmal etwas von der Art denke wie Sie, komme ich auf keinen grünen Zweig, denn wir Wesen sind nun einmal begrenzt durch die konkrete Wirklichkeit und ihre harten Konturen. Und darauf kommt es an. Zerbrechen Sie sich doch nicht den Kopf mit irgendwelchen Außergewöhnlichkeiten."

„Ehrenwort?" fragte ich, schon etwas getröstet.

„Ehrenwort! Aber entschuldigen Sie, ich muß jetzt gehen: das Leben. Auf Wiedersehen!"

„Auf Wiedersehen!"

Er beendete seine Wanderung über den Tisch und verschwand in den Falten des Kanapees.

UNTERWEGS

Gleich hinter N. kamen wir durch flache Sumpfwiesen, in denen einzelne Stoppeln wie geschorene Köpfe von Rekruten glänzten. Trotz der Schlaglöcher und des Schlamms hüpfte die Kutsche munter voran. Fern, in Höhe der Pferdeohren, zog sich ein Streifen Wald hin. Ringsum war es einsam wie immer um diese Zeit. Erst als wir schon eine Weile gefahren waren, sah ich vor uns, je näher wir kamen um so deutlicher, die Gestalt eines Menschen. Es war ein Mann mit gewöhnlichem Gesicht in der Uniform eines Postbeamten. Unbeweglich stand er am Wege, und als wir vorbeifuhren, warf er uns einen gleichgültigen Blick zu. Kaum hatte ich ihn aus den Augen verloren, als vor uns der nächste in einer ähnlichen Uniform auftauchte; auch dieser stand, ohne sich zu rühren. Aufmerksam betrachtete ich ihn, aber bald schon erblickte ich den dritten und dann den vierten. Alle hatten das Gesicht der Straße zugewandt, schauten apathisch vor sich hin und trugen fadenscheinige Uniformen. Verwundert richtete ich mich auf dem Sitz auf, und unbehindert durch den Rücken des Kutschers den Weg besser überblicken zu können. Tatsächlich sah ich aus der Ferne schon die nächste Gestalt. Als wir noch an zwei weiteren vorbeigekommen waren, ergriff mich eine unbezwingliche Neugier. Sie standen in ziemlich beträchtlichen Entfernungen voneinander, konnten sich aber gegenseitig nicht sehen. Alle hatten die gleiche Haltung und zeigten für die Kutsche nicht mehr Interesse als sonst die Telegraphenstangen für die Reisenden. Ich wischte mir über die Augen, aber sobald wir an einem vorbeigekommen waren, erschien der nächste. Schon wollte ich den Mund öffnen, um den Kutscher zu fragen, was das bedeuten solle, als dieser mit dem Peitschenstiel auf einen von ihnen weisend, ohne sich umzudrehen erklärte:

„Sind im Dienst."

Und wieder tauchte vor uns eine unbewegliche, gleichgültig vor sich hinstarrende Gestalt auf.

„Wieso?" fragte ich.

„Was wieso? Sie haben halt Dienst. Hüh, Brauner, hüh!"

Der Fuhrmann schien keine Lust zu weiteren Erläuterungen zu haben oder hielt sie für überflüssig. Von Zeit zu Zeit schrie er auf die Pferde ein, indem er mechanisch die Peitsche schwenkte. Brombeerhecken, Wegkapellen, einsame Weiden kamen uns entgegen und verschwanden hinter uns, und dazwischen entdeckte ich immer wieder eine der mir bereits bekannten Gestalten.

„In welchem Dienst?“ fragte ich.

„Na, in welchem wohl? Staatsdienst! Telegraphenlinie!“

„Was?“ schrie ich. „Für einen Telegraphen braucht man doch Draht und Masten.“

Der Kutscher schaute mich an, zuckte die Schultern und erklärte: „Man sieht, daß Sie nicht von hier sind. Jeder weiß, daß man für einen gewöhnlichen Telegraphen Draht und Masten braucht. Aber das ist ein drahtloser Telegraph. Im Plan war einer mit Draht vorgesehen, aber die Masten wurden geklaut, und Draht ist nicht zu haben.“

„Wieso, nicht zu haben?“

„Wie üblich! Eben nicht zu haben. Hüh, Grauer!“

Ich schwieg überrascht, aber ich hatte nicht vor, es dabei bewenden zu lassen.

„Aber wie denn nun drahtlos?“

„Ganz einfach! Der Erste ruft dem Zweiten das Nötige zu, dieser dem Dritten, der dem Vierten, und so geht es weiter, bis das Telegramm durch ist. Jetzt wird gerade nichts durchgegeben, aber wenn was wäre, könnten Sie's selber hören.“

„Und ein solcher Telegraph funktioniert?“

„Warum soll er nicht funktionieren? Er funktioniert. Nur daß sie oft den Inhalt der Depeschen verdrehen. Am schlimmsten ist's, wenn einer einen sitzen hat. Dann macht er sich einen Spaß daraus, verschiedenes von sich aus dazu zu tun, und dann wird es so weitergegeben. Aber sonst ist das sogar besser als ein gewöhnlicher Telegraph. Versteht sich, lebendige Menschen sind immer intelligenter. Stürme machen diesem Telegraphen nichts aus. Man spart Holz, wo doch bei uns in Polen die Wälder sowieso schon so stark gelichtet sind. Nur im Winter, da richten halt die Wölfe manchen Schaden an. Hüh!"

„Und sind diese Leute denn zufrieden?" fragte ich verwundert.

„Warum nicht? Es ist keine schwere Arbeit. Nur Fremdwörter muß man halt kennen. Jetzt ist unser Postmeister sogar nach Warschau gefahren, um eine Verbesserung durchzusetzen. Sie sollen moderne Sprachrohre bekommen, damit sie sich die Lunge nicht mehr zu zerreißen brauchen. Höh!"

„Wenn aber einer taub ist?"

„Taube werden nicht eingestellt. Solche mit Hasenscharte auch nicht. Einmal hat sich ein Stotterer eingeschlichen, weil er Beziehungen hatte, aber er wurde bald wieder entlassen, weil er die ganze Linie blockierte. Am Kilometerstein Zwanzig soll einer von der Theaterschule stehen, der habe die deutlichste Aussprache."

Verwirrt durch diese Argumente schwieg ich. Schon achtete ich nicht mehr auf die Leute am Wege. Die Kutsche hüpfte über die Schlaglöcher dem Wald entgegen.

„Na gut, aber möchtet ihr nicht lieber einen neuen Telegraphen mit Draht und Masten?" fragte ich vorsichtig.

„Gottbewahre!" Der Fuhrmann zuckte zusammen. „Mit dem Telegraphen ist es jetzt in unserem Kreis ganz leicht, Arbeit zu finden. Und so ein Durchgeber kann manches nebenbei verdienen. Denn wenn jemand besonders daran liegt, daß seine Depesche unverändert ankommt, nimmt er seine Britschka, fährt zum zehnten, zum fünfzehnten Kilometer und drückt unterwegs jedem eine Kleinigkeit in die Hand. Drahtloser Telegraph, es ist eben doch immer etwas anderes als einer mit Draht. Er ist halt fortschrittlicher. Hüh!"

Durch das Gemurmel der Räder drang etwas wie ein schwacher Schrei zu uns, es war nicht das Sausen des Windes und auch kein fernes Jammern. Es klang ungefähr so: „Aaaeeeoooeeeiiiuuuiiiooo!"
Der Fuhrmann richtete sich auf dem Bock hoch und spitzte die Ohren.

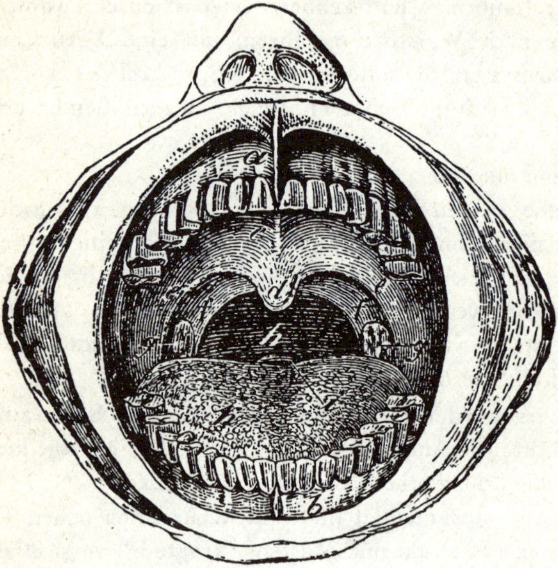

„Jetzt geben sie durch", sagte er, „bleiben wir stehen, dann kann man's besser hören. Brrr!"
Als das monotone Geräusch des Fuhrwerks schwieg, entstand eine große Stille. Jetzt drangen die Laute, die den Rufen von Moorvögeln glichen, deutlicher zu uns. Der uns am nächsten stehende Mastmann hielt sich die Hand ans Ohr.
„Gleich kommt es zu uns", flüsterte der Fuhrmann.
Und wirklich, kaum war das letzte „Ooo" verhallt, als aus

dem Hain, den wir soeben hinter uns gelassen hatten, gedehnt der Ruf ertönte:

„Vaaateeer geeestooorbeeen Beeerdiiiguuung Miiitwoooch!"

„Der Herr geb' ihm die ewige Ruhe", seufzte der Fuhrmann und hieb auf die Pferde ein. Gleich darauf befanden wir uns im Wald.

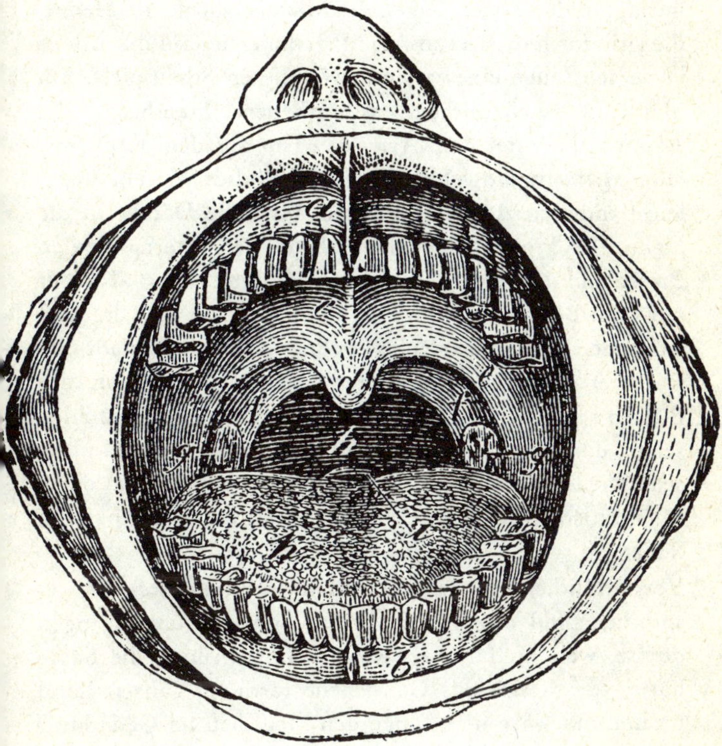

FRÜHLING IN POLEN

Der April dieses Jahres war sehr warm. An einem Vormittag, in den ersten Tagen des Monats, wurde die Menge, die sich durch die Krakowskie Przedmieście und die Alleen bewegte, Zeuge eines außergewöhnlichen Schauspiels. Ein Mann in gewöhnlichem, aschfarbenem Trenchcoat, die Aktentasche unter dem Arm, den Hut auf dem Kopf, flog ohne Hilfe irgendwelcher Geräte, lediglich wie ein Vogel leicht mit den Armen schlagend, über die Dächer in die Höhe. Er kreiste über dem „Klub der internationalen Presse und des Buches" und schwebte dann tiefer, als ob er auf dem Bürgersteig etwas erblickt habe, so daß die dort stehenden verwunderten Bewohner der Hauptstadt erschrocken die Flucht ergriffen; schon konnte man das Blitzen seines Ringes und den Zustand seiner Schuhsohlen sehen, da schwang er sich, schrill und durchdringend piepsend wieder zur früheren Höhe auf, zog noch einmal einen majestätischen Bogen über der Stadtmitte und entflog nach Süden.

Verständlicherweise wurde viel über dieses Ereignis gesprochen, und obwohl die Presse nichts darüber bringen durfte, weil unklar war, welche Hintergründe die Sache hatte, sprach sich das Geschehene rasch im ganzen Land herum und wäre noch lange den Menschen im Gedächtnis geblieben, hätte nicht bereits wenige Tage später ein neuer Zwischenfall den vorausgegangenen in den Schatten gestellt. Fast an derselben Stelle tauchten zwei Männer mit Aktentaschen auf, durchschnitten die Wolken und flogen rasch nach Süden.

Mit fortschreitendem Frühling wurden die Tage immer wärmer. Über Warschau, dann auch über den Woidwodschafts-, ja sogar über den Kreisstädten tauchten immer häufiger jene Silhouetten in Staubmänteln und mit Aktentaschen auf; zu zweit, zu dritt, meist jedoch einzeln segelten sie in Pirouetten dahin und verschwanden schließlich im Süden.

Die Gesellschaft wollte die Wahrheit wissen; es hatte auch keinen Sinn mehr, die Sache noch länger zu verheimlichen. Schließlich erschien ein Kommuniqué, welches erklärte, im Zusammenhang mit der erhöhten Temperatur, dem Frühling und dem Öffnen der Fenster in verschiedenen Büros und Institutionen durch die Beamten erlägen sehr viele dieser Funktionäre ihrer Adlernatur, verließen ihren Arbeitsplatz und entflögen durchs Fenster. Das Kommuniqué schloß mit einem Appell an alle Angestellten und Beamten, sie sollten eingedenk der hohen Aufgaben des Fünfjahresplanes den Ruf des Blutes überwinden und auf ihrem Posten ausharren. In den folgenden Tagen fanden Massenversammlungen statt, auf denen sich die Teilnehmer verpflichteten, sich selbst zu bezwingen und nicht wegzufliegen. Damit begann ein tragischer Konflikt. Trotz des besten Willens von seiten der Beamten nahm die Zahl der über der Hauptstadt und anderen Städten Gesichteten nicht ab. Sie flatterten in weißen Kumuluswolken, schlugen Purzelbäume im Himmelsblau, wiegten sich in der untergehenden Sonne und trieben, berauscht von der Gewalt ihres Fluges, vor den Frühlingsstürmen einher. Sie tauchten in die Tiefe und schwangen sich dann wieder in eine dem menschlichen Auge unzugängliche Höhe. Immer wieder fielen den Fußgängern bei dem wilden Flug verlorengegangene Gamaschen und Brillen auf die Köpfe. Die

Arbeit in den sich allmählich leerenden Büros kam nicht voran.

Aus der Hohen Tatra kamen alarmierende Nachrichten. Die Bergwachen meldeten, auf den Graten und Spitzen träten massenweise Beamte auf, die von einem Gipfel zum andern flögen und dem Tierbestand schweren Schaden zufügten. Die Klagen mehrten sich. Im Gebiet von Nowy Targ verschwanden binnen einer Woche 28 Lämmer spurlos, in Muszyna raubte ein Adler, in dem ein stellvertretender Abteilungsdirektor erkannt wurde, in tollkühnem Überfall ein Ferkel. Sie fielen wie die Blitze vom Himmel. Allmählich ging es auf den Mai zu, und in allen Büros wurden die Fenster geöffnet. Besonders ernst wurde die Lage dadurch, daß man die meisten Fälle von Veradlerung bei den zentralen Behörden beobachten konnte. Je höher die Instanz, um so größer der Prozentsatz dieser königlichen Vögel. Darunter litt auch die Autorität; denn immer wieder erblickten die Bürger den einen oder anderen, bisher nur von der Tribüne oder von Photographien bekannten Würdenträger, wie er in der Luft mit den Beinen strampelte und sich gleich einem Ballon kugelte.

Es wurde angeordnet, die Fenster in den Büros und Institutionen hätten bei jeder Temperatur geschlossen zu bleiben. Auch das half nicht viel, denn ein echter Adler vermag auch durch das Oberlicht zu entkommen.

Man versuchte die verschiedensten Mittel. Manchen band man Bleikugeln an die Schuhe, – sie entflogen in Socken. Verdächtige band man mit Schnüren an den Schreibtischen fest, – sie zerhackten die Schnüre. Immer wieder seufzte ein Beamter, noch leistete er Widerstand, das Pflichtgefühl kämpfte in ihm mit der Stimme der Natur, aber schließlich stand er doch auf der Fensterbank, hüstelte verlegen und flog weg, wobei es manchmal vorkam, daß er noch im

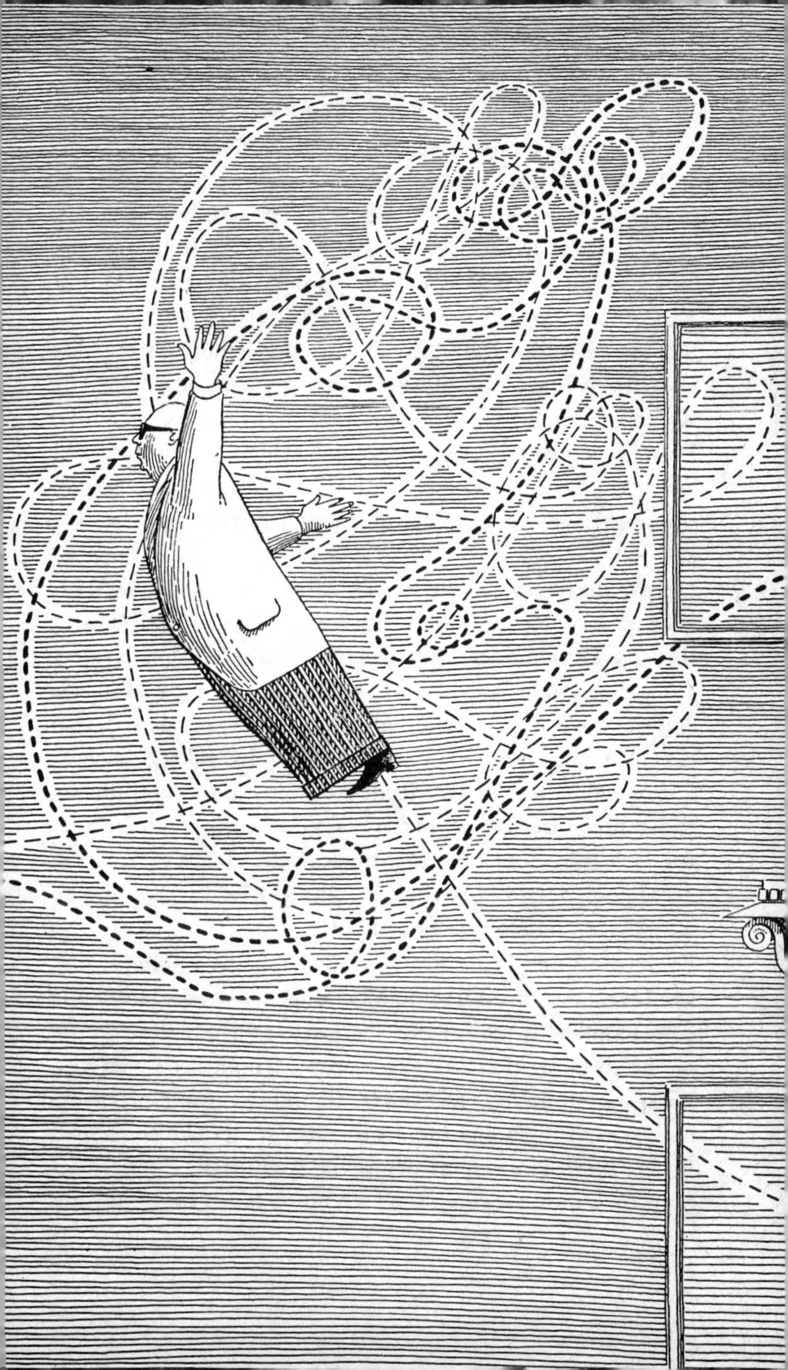

Flug sein Vesperbrot zu Ende aß und seinen Tee austrank. Unter diesen Umständen wurde die Erledigung der Verwaltungsangelegenheiten immer schwieriger. Der wegfliegende Beamte nahm meist in seiner Tasche alle Akten der von ihm bearbeiteten Sachen mit. Ich selbst konnte eine bestimmte Angelegenheit mit dem Referenten G. nur dank einem mir bekannten Waldhüter erledigen, da dieser mir mitteilte, der Referent G. sei in der Nähe von Morskie Oko im Kampf mit einer Gemse gesehen worden. Die Antragsteller organisierten ganze Expeditionen zu den Plätzen, wo die Nester oder Jagdreviere der zuständigen Beamten vermutet wurden. Der Alpinismus entwickelte sich ausgezeichnet, das Verwaltungsleben jedoch war schwer gestört.

Der Walddienst erhielt den Auftrag, die Ausreißer einzufangen. Aber wer vermochte sie zu erhaschen, die Flüchtigen, Geschwinden, Hurtigen und Kühnen! Unerwartet gute Ergebnisse wurden nur durch eine einzige Methode erzielt, durch das Ausstellen von Netzen um den Ersten herum. Von einem unwiderstehlichen Instinkt getrieben, flogen sie dann in ganzen Rudeln zu den Finanzabteilungen, zogen hier ihre Kreise und stießen durchdringende Schreie der Erregung aus. Aber gleich nach dem Ersten verschwanden sie wieder; diejenigen, die man erwischt hatte, gingen ein oder entflohen von neuem.

So verging der Frühling, verfloß der heiße Sommer, voll Freiheit und unzähligen Höhenflügen. Unmerklich, wie eine Krankheit, schlich der Herbst herbei und löschte die Sonne aus. In den Bergen wurde es immer schwieriger, Nahrung zu finden. Die letzte Schulklasse, die einen Ausflug zur Swinica machte, entdeckte in den Felsen einen Referenten, den ersten, der beim Anblick sich nähernder Menschen nicht wegflog, sondern ihnen mit traurigem Blick entgegensah. Das Kinn hatte er in dem hochgeschlagenen Kragen seines dünnen, ausgefransten Mantels versteckt, in welchem er offensichtlich im Frühjahr weggeflogen war. Erst als die Kinder ganz vorsichtig noch näher kamen, machte er ein paar ungeschickte Schritte, krächzte heiser und entflog schwerfällig in Richtung auf die Piec Stawów, wo er im Nebel verschwand.

Heute fällt der erste Schnee. Die Flocken lassen sich auf den Schindeldächern Podhaliens, auf den Strohdächern der Masuren nieder. Unter den Dächern aber wird das Heldenlied über unsere Beamten, diese Führer und Adlernaturen, gesponnen.

SIESTA

An der Straße steht ein repräsentativer Bau, aber sobald wir den Flur durchschritten haben, befinden wir uns auf einem leeren, stillen Hof, wo uns eine niedrige Mauer offenbar von einem Garten trennt, denn hinter ihr werden dichte, von Kirschen rotgesprenkelte Laubkronen sichtbar. Gehen wir an der Mauer entlang, stoßen wir auf ein roh aus Brettern gezimmertes, regenverwaschenes Pförtchen mit eiserner Klinke, das aber von der anderen Seite verriegelt ist. Auf der Gartenseite stößt im rechten Winkel an die Mauer ein mit roten Dachziegeln gedeckter Anbau. Vier auf drei Säulen ruhende Bogen bilden hier eine Art Loggia. Unter den Bogen lugen die Fenster des Erdgeschosses hervor. Hier sind die Dienstwohnungen. In der angenehm schattigen, nach Sandstein und von der Sonne erwärmten Kräutern duftenden Loggia sitzen an einem weißgedeckten Tisch zwei Männer. Der eine mag fünfzig sein; er hat eine Glatze, einen weichen Mund und trägt einen ihm ausgezeichnet passenden blauen Maßanzug. Als Krönung seines schneeweißen Hemdes sitzt unter seinem feisten Kinn eine silbergraue Fliege so schick, als wolle sie sich gleich in die Luft erheben. Der andere ist ein Geistlicher in schwarzer Soutane, deren Knopfreihe bis auf den Boden reicht. Zwischen ihnen stehen drei Flaschen aus schwarzgrünem Glas und zwei zur Hälfte mit Bier gefüllte Gläser. Offensichtlich ruhen beide an diesem Samstagnachmittag von den Mühen der ganzen Woche aus und erwarten friedlich den kommenden Tag. Träge sehen sie auf den Garten, über dem sich die rückwärtigen Fenster des vierstöckigen Bürogebäudes jetzt stumm und blind erheben.

„So lange kennen wir uns schon", unterbricht der Geistliche das Schweigen und greift nach dem Glas, „und noch immer weiß ich nicht, wie ich Sie eigentlich ansprechen soll."

„Ich verstehe Ihre Verlegenheit, Hochwürden", antwortet der andere. „Mich mit meinem vollen Namen anzusprechen, wäre unangebracht. Es geht mir dabei nicht nur, wenn ich so sagen darf, um administrative Rücksichten, sondern ganz einfach um das normale Gefühl für Stil. Ich achte sehr die Diskretion, die uns veranlaßt, einer Disharmonie aus dem Wege zu gehen, welche sich nicht vermeiden ließe, sobald Sie, Hochwürden, aus Ihren Kenntnissen der Heraldik die Schlußfolgerungen zögen."

Der Geistliche: „Andererseits aber fällt es mir schwer, Sie in derselben Weise anzusprechen, wie das Ihre ... wie soll ich sagen? ..."

Der Geistliche errötete, hüstelte, geriet durcheinander. Da fuhr jener fort:

„Brotgeber? Nennen wir die Dinge bei ihrem Namen. Im Grunde gehöre ich eher zum gedungenen Personal, und die strengen Regeln dieses Ordens betreffen mich kaum. Mehr noch, mein Wert als Mitarbeiter beruht ja gerade darauf, daß ich gewisse Prinzipien rein und frisch erhalte, die dem völlig widersprechen, worauf unsere ... wie soll ich sie nennen? ... verschworen sind."

Jetzt räusperte er sich und schien verlegen zu sein. Der Geistliche beeilte sich mit der Antwort:

„Sagen wir: Meinungsgeber, oder wenn wir die Sache in einem weiteren Blickfeld fassen: unsere Nächsten. Ja, unsere Meinungsgeber oder unsere Nächsten, die ..."

„Verstehe, aber ich glaube, daß die Bemühung um eine genauere Definition überflüssig ist. Da wir nun schon einmal bei diesem Thema sind ... Ich muß gestehen, daß auch ich da gewisse Zweifel habe. So weiß ich zum Beispiel bis zum heutigen Tage nicht, ob ich Sie, Hochwürden, sagen wir, als Anstaltsgeistlichen bezeichnen könnte."

„Anstaltsgeistlicher?"

„Ja! Meines Wissens werden Priester so bezeichnet, die ihr Amt im Rahmen einer weltlichen Institution versehen, gleichgültig, ob es sich um ein Krankenhaus handelt, ein Gefängnis oder ..."

„Ich erlaube mir, Sie darauf hinzuweisen, daß es sich in diesem Falle um eine Institution mit mehr als rein weltlichem Charakter handelt."

„Ja! Entschuldigen Sie meine Zudringlichkeit: mehr als rein weltlichem Charakter! Eben! Hochwürden, Sie sind sich wohl darüber im klaren, daß die Verwunderung Außenstehender völlig natürlich und berechtigt wäre, wenn diese Ihre Anwesenheit und die Art Ihrer Beschäftigung an einem solchen Ort erführen."

„Dieselbe Frage ergibt sich aber auch im Hinblick auf Sie."

„Ja, aber nicht im gleichen Maße. Schließlich hat meine Arbeit nichts mit dem Bereich der Seele und der Philosophie zu tun. Ich erwähne dies nicht zuletzt, um die Achtung zu unterstreichen, die ich für die Subtilität jeder geistigen Berufung, sei es im Bereich des Glaubens, der Kunst oder des Denkens hege. Ich dagegen werde hinzugezogen, wenn hoher Besuch kommt, irgendein berühmtes Mitglied irgendeiner Kommission, ein Künstler oder König; denn ich weiß von klein auf, welche Speisen man vorsetzt, welcher Wein dazugehört und welche Gläser für den Wein erforderlich sind. Ich beherrsche einige Sprachen, kenne mich in der Geschichte der Kunst aus und bin kein Kommunist. Es ist eine schwere, aber abwechslungsreiche Arbeit; denn in der Zwischenzeit erteile ich der Jugend, den Söhnen und Töchtern unserer Funktionäre, Tanzunterricht. Meine Pflichten sind genau umgrenzt und gehen, sehen wir von der Konversation einmal ab, nicht über den Rahmen einer körperlichen Tätigkeit hinaus."

„Na, na, sollte dies wirklich alles sein?"

„Richtig! Ich diene auch mit Daten und stehe für die Durchführung der wichtigsten Jahrestage zur Verfügung, die zwar der strengen Ordensregel unserer Vorgesetzten fremd sind, aber für einen gewissen Teil unserer Gesellschaft Bedeutung haben und daher loyal berücksichtigt werden. Es handelt sich dabei jedoch um Sonderaufgaben, die im Grunde nicht zu meinen ausgesprochenen Dienstpflichten gehören. Was also den Titel angeht, so dürfte es das einfachste sein, wenn sie mich ‚maître de danse' nennen."

Der Geistliche seufzte und starrte nachdenklich in den Garten. Das Blau des Himmels über ihnen wurde dunkler; es war kurz vor Sonnenuntergang. Hier war es still, der Lärm des Städtchens lag in weiter Ferne. Nach einem Augenblick sagte er:

„Da haben Sie wirklich Glück gehabt."

Der maître de danse hielt das Glas mit Bier in der Hand, das er gerade zum Munde führen wollte und fragte überrascht: „Bitte?“

Der Geistliche: „Entschuldigen Sie!“

Der maître de danse: „Bagatelle! Die neue Wirklichkeit!“

Der Geistliche: „Das Neue kämpft mit dem Alten!“

Der maître de danse: „Das zweitemal wundere ich mich über Sie, Hochwürden. Das erstemal wunderte ich mich, verzeihen Sie meinen Freimut, als ich Sie hier sah, als wir uns sozusagen, ich möchte Sie nicht verletzen, auf derselben dienstlichen Ebene begegneten.“

Der Geistliche: „Was finden Sie daran verwunderlich? Man trat an mich heran. Der Sekretär sagte ganz aufrichtig, worum es ging. ‚In unseren Reihen‘, sagte er, ‚sind gute Genossen, ich rede jetzt nicht von der Gesamtheit, sondern nur von einem Teil, die mit Verlaub, Herr Pfarrer, den Fehler haben, daß sie in die Kirche gehen. Die Massen sehen sie dann in der Kirche, und das ist nicht gut, das ist gegen die Taktik. Sie auszuschließen verbietet uns die Einheit unserer Reihen. Die Leute muß man erziehen, nicht wahr, Herr Pfarrer? Läßt man andererseits das öffentliche Ärgernis zu, so ist das auch nicht gut, und vor allem, was sagen die übergeordneten Stellen dazu? Wir machen Ihnen einen Vorschlag. Wir richten bei uns im Komitee eine kleine Kapelle ein, so sechs mal acht Meter, mit einem kleinen Altar natürlich. Dahin können dann die unsern, wenn sie schon müssen, in aller Stille gehen. Sie sind dann ganz unter sich. Dafür dürfen Sie völlig frei von der Leber weg predigen, über die Regierung und Karl Marx und was Sie nur wollen. Da macht es gar nichts. Es sind erprobte Genossen, die Ihrem Einfluß nicht unterliegen werden. Auf diese Weise bleiben die Reihen gefüllt, und das Gerede hört auf.' Ich habe die Stellung angenommen."

Der maître de danse: „Aber . . ."

Der Geistliche: „Ich komme Ihren Argumenten und Vorbehalten zuvor. Ich habe zugesagt, weil ich auf die Macht meiner Predigt vertraute. In meinem Entschluß lag etwas Missionarisches. Aber leider, Gott straft den Hochmut und die Überheblichkeit."

Der maître de danse: „Aber diese Redewendung über das Alte und das Neue in Ihrem Munde, Hochwürden?"

Der Geistliche: „Eben!"

Der maître de danse: „Trug Ihr heroischer Entschluß, sich in die Höhle des Löwen zu begeben, nicht die erwarteten Früchte?"

Der Geistliche: „Werter Herr, vor einem Augenblick sprachen Sie über den Bereich der Seele und der Philosophie und räumten mir dabei die gebührende Zuständigkeit ein. Gestatten Sie, daß ich davon jetzt Gebrauch mache und erwähne, daß sich der Begriff ‚das Neue kämpft mit dem Alten' keineswegs im Widerspruch zu meiner Berufung und Seelsorgearbeit befindet, sondern mit meinen Anschauungen übereinstimmt, die Sie, wie ich meine, wohl sehr überraschen würden, wenn unser Gespräch über die Grenzen einer gewöhnlichen, geselligen Plauderei unter Kollegen hinausführte."

Der maître de danse: „Inwiefern?"

Der Geistliche: „Ich bin Marxist."

Der maître de danse hob seine Brauen und öffnete seinen Mund kreisrund. Der Geistliche faltete die Hände und blickte gen Himmel.

Der maître de danse schloß seinen Mund und öffnete ihn von neuem, um seine Frage zu stellen: „Ich bewundere Sie, Hochwürden. Da mir jedoch, wie erwähnt, die feinen

Unterscheidungen im Bereich des Geistigen von berufswegen fremd sind, meine ich, daß meine Unzulänglichkeit und mein Unwissen eine Frage nicht nur erlauben, sondern mir sogar ein gewisses Recht dazu verleihen: Wie machen Sie das, Hochwürden?"

Der Geistliche: „Vor allem möchte ich mit aller Entschiedenheit jeder Vermutung Ihrerseits entgegentreten, daß mein Stand, dessen äußeres Zeichen dieses Kleid ist, in irgendeiner Weise etwas von seiner Echtheit eingebüßt hätte. Ganz im Gegenteil! Meine marxistischen Ansichten haben meine Berufung als Seelsorger nicht im geringsten befleckt, sondern sie vielmehr gestärkt und sie mit dem neuen Glanz einer besonderen Aufgabe, ja ich möchte sagen, einer Parteiaufgabe ausgestattet."

Der maître de danse ließ den Kopf hängen und sagte mit müder Stimme: „Ich gebe es auf. Behandeln Sie mich bitte nicht mehr als Gesprächspartner! Ich wünsche nur noch wie ein kleines Kind, das die Kompliziertheit der für die Kirchenväter so klaren und verständlichen Glaubenswahrheiten nicht zu begreifen vermag, einfache und geduldige Aufklärung."

Der Geistliche: „Billig und lobenswert ist die Demut des einfachen Gläubigen angesichts der Geheimnisse des Dogmas. Jedoch was Sie anfangs so verwundert hat, wird Ihnen gleich begreiflicher, ja sogar ganz einfach erscheinen. Sie wissen doch, daß es als Mitarbeiter des Komitees meine Pflicht ist, an der ideologischen Schulung teilzunehmen, wo ich übrigens auch Ihnen begegne."

Der maître de danse: „Eine mit unserem Dienst verbundene Pflicht, nicht mehr ..."

Der Geistliche: „Auch ich betrachtete jene Vorlesungen zunächst als eine traurige Notwendigkeit. Bald jedoch begannen die dort vorgetragenen Thesen und Argumente mich zu interessieren, und schließlich überzeugten sie mich durch ihre Logik. Mir ging es wie dem vierten Teil der Menschheit, denn ungefähr soviel machen unsere Kräfte, die Kräfte der Demokratie und des Fortschritts aus."

Der maître de danse: „Also bekennen Sie sich zur Abtrünnigkeit!"

„Ich bekenne mich zu nichts", rief der Geistliche, indem er mit der flachen Hand auf den Tisch schlug. „Unterbrechen Sie mich nicht und machen Sie keine Unterstellungen!"

Der maître de danse: „Entschuldigen Sie, ich habe mich vergessen."

Der Geistliche: „Ich verzeihe Ihnen. Dies fällt mir um so leichter, als auch ich während einer bestimmten Etappe meiner ideologischen Entwicklung in den gleichen Fehler fiel wie Sie soeben. Auch ich dachte eine Zeitlang, ich sei ein Abtrünniger. Ja, nach schweren inneren Kämpfen beschloß ich sogar, mit meiner bisherigen Weltanschauung zu brechen. In dieser Absicht begab ich mich zum Sekretär; ich teilte ihm in aller Aufrichtigkeit meine Zweifel mit und erklärte ihm, daß ich auf Grund meiner Entwicklung zum Marxismus nicht in der Lage sei, im Komitee weiter die Funktion eines Anstaltsgeistlichen, wie Sie es nannten, zu erfüllen. Der Sekretär freute sich und gratulierte mir zu meiner Wandlung. Dann jedoch wurde er ernst und rieb sich lange die Stirn. Schließlich sagte er nachdenklich: „Hört mal, das ist alles nicht so einfach. Wenn Ihr aufhört, Eure Funktion auszuüben, dann setzen sich unsere Genossen von neuem der Gefahr des Kirchgangs in der Stadt aus, was mit ungeheuren Schäden ideologischer Art verbunden sein kann. Die feindliche Propaganda findet wieder Nahrung und auch Zugang zu den Massen, und wir müssen uns doch in allem, was wir tun, an die Massen halten. Aufrichtig freue ich mich darüber, daß Euer Bewußtsein so gewachsen ist, aber das bedeutet für Euch auch neue Pflichten. Kurz und gut, Ihr müßt weiter im Amt bleiben. Ihr kennt Eure Arbeit und seid unser Mann."

Ich protestierte und erklärte, der Sekretär sei sich offensichtlich nicht darüber im klaren, wie sehr ich bereits im Sinne des dialektischen Materialismus denke. Meine ideologische Entwicklung mache es mir einfach unmöglich, weiter meiner bisherigen Beschäftigung nachzugehen.

Dazu sagte der Sekretär: ‚Ganz im Gegenteil! Gerade weil ich in Euch einen vollwertigen Genossen sehe, baue ich darauf, daß Ihr begreift, was Taktik ist. Vergeßt mir die Dialektik nicht! Ich weiß, wie schwer es Euch fallen wird, Pfarrer zu bleiben, aber wenn man ein so hohes ideologisches Niveau hat wie Ihr und so gebildet ist, muß man auch bereit sein, Opfer zu bringen. Ja mehr noch, Ihr müßt verstehen, daß es nicht genügt, wenn Ihr in Eurer Stellung bleibt, Ihr müßt hier sogar noch mit mehr Überzeugung, besser, produktiver arbeiten, und Ihr dürft nichts von Euren hohen beruflichen Befähigungen verlieren. Sonst würden unsere Genossen sagen, daß Ihr nicht mehr in Form seid. Sie könnten unzufrieden werden und anfangen, anderswohin zur Kirche zu gehen, wo wir sie nicht mehr betreuen könnten. Das also verlangt von Euch die Analyse, der gegebenen Situation. Denkt an Eure Verantwortung und begreift, wie hoch ich Eure Hingabe, Eure Klarsicht und Einsatzbereitschaft einschätze. Ich appelliere an Euer Gewissen.‘

Nach langem Nachdenken und, wie ich hinzufügen muß, auch einer gewissen Unentschlossenheit kam ich zu der Überzeugung, daß man dem Gedankengang des Sekretärs eine übergeordnete Richtigkeit nicht absprechen könne. Es gibt Gründe niederer und höherer Art. Die höheren Gründe kann man nur dank einer bestimmten inneren

Disposition verstehen. Und gerade darum ging es hier. Begreifen Sie jetzt, daß meine Berufung und meine Weltanschauung einander nicht nur im Wege stehen, sondern Hand in Hand gehen und eine dialektische Einheit bilden?"
Der maître de danse fuhr sich mit seinem Batisttüchlein über das Gesicht und sagte: „Fahren Sie bitte fort!"
Der Geistliche: „Auch ich habe jene beiden Etappen der weltanschaulichen Entwicklung durchgemacht. Die erste Etappe ist von einem naiven und aufrichtigen, aber in seiner Blickweite beschränkten, ja unbewußt oft schädlichen ideologischen Kritizismus gekennzeichnet. Erst dann kann der Schritt zum bewußten, voll und ganz taktischen Verhalten erfolgen, das von uns mancherlei Opfer verlangt, aber dafür auch das tiefe Gefühl einer strengen Verantwortlichkeit, der Leistungsfähigkeit und unserer positiven Bedeutung im komplizierten Mechanismus unseres Apparates und unseres politischen Denkens verleiht."
Der maître de danse: „Die Sonne geht unter."
Der Geistliche: „Tatsächlich. Auch die Natur hat ihre Rechte."
Friede verbreitete sich in dem vom Mittag her noch erwärmten Garten. Der maître de danse öffnete die dritte Flasche und goß in die Gläser ein, die sich rasch mit weißem Schaum füllten.
„Immerhin", sagte er, während er sein Glas ergriff, „bin ich recht zufrieden, daß meine so unvergleichlich bescheidenere Arbeit nichts mit der Philosophie zu tun hat. ‚Trois, quatre, en avant!' das wird von mir verlangt und nicht mehr."
In diesem Augenblick wurde an das Pförtchen geklopft. Der Geistliche und der maître de danse sahen einander an. „Ich bin neugierig, wer das wohl sein mag?" sagte der Priester.

DER ELEFANT

Der Leiter des Zoologischen Gartens erwies sich als Karrierist. Die Tiere benutzte er lediglich, um sich höherzuschwingen. Er sorgte auch nicht dafür, daß seine Institution den gebührenden Platz in der Erziehung der Jugend einnehmen konnte. Die Giraffe in seinem Garten hatte einen kurzen Hals, der Dachs besaß nicht einmal eine Höhle, und die Murmeltiere befanden sich in einem solchen Zustand, daß ihnen alles gleichgültig war und sie nur mehr sehr selten und sehr ungern pfiffen. Solche Mängel waren um so bedauerlicher, als der Zoo häufig von Schulklassen besucht wurde.

Es war ein Provinzzoo, in dem mehrere wesentliche Tiere, darunter auch der Elefant, fehlten. Um ihn wenigstens vorübergehend zu ersetzen, wurden dreitausend Kaninchen gezüchtet. Aber in dem Maße, als der Aufbau unseres Landes voranschritt, schloß sich planmäßig eine Lücke nach der andern. So kam schließlich auch der Elefant an die Reihe. Anläßlich des Staatsfeiertages erhielt die Direktion die Mitteilung, daß die Zuteilung eines Elefanten endgültig positiv entschieden sei. Es freuten sich die Werktätigen des Gartens, die der Sache aufrichtig ergeben waren. Um so größer war ihre Verwunderung, als sie erfahren mußten, der Direktor habe ein Memorandum nach Warschau geschickt, in welchem er auf die Zuteilung verzichtete und seinen Plan darlegte, einen Elefanten auf billigere Weise zu beschaffen.

„Ich und meine ganze Belegschaft", schrieb er, „legen uns darüber Rechenschaft ab, daß der Elefant eine schwere

Last auf den Schultern des polnischen Berg- und Hüttenarbeiters ist. Zur Senkung der Selbstkosten schlage ich vor, den in dem diesbezüglichen Schreiben erwähnten Elefanten durch einen eigenen Elefanten zu ersetzen. Wir sind in der Lage, einen Elefanten entsprechender Größe aus Gummi zu verfertigen, ihn mit Luft zu füllen und hinter einer Einzäunung aufzustellen. Sorgfältige Bemalung vorausgesetzt, wird er sich selbst bei genauerer Betrachtung nicht von einem echten unterscheiden. Vergegenwärtigen wir uns, ein welch schwerfälliges Wesen der Elefant ist: Er führt keine Sprünge aus, rennt nicht, wälzt sich nicht auf der Erde. An der Umzäunung könnten wir ein Täfelchen anbringen, das darauf hinweist, daß unser Exemplar besonders träge ist. Das auf diese Weise gesparte Geld ließe sich für den Bau einer Raketenbasis oder für die Instandsetzung sehenswerter Kirchen verwenden. Man wolle beachten, daß sowohl die Idee als auch die Ausarbeitung dieses Projektes mein bescheidener Beitrag zu unserer gemeinsamen Arbeit und unserem gemeinsamen Kampfe ist. In aller Ergebenheit." – Unterschrift.

Offensichtlich war das Memorandum einem seelenlosen Angestellten in die Hände geraten, der, ohne den Dingen auf den Grund zu sehen, seine Aufgaben auf bürokratische Weise erledigte, indem er sich einzig und allein an die Richtlinien zur Senkung der Selbstkosten hielt. Jedenfalls wurde das Projekt gutgeheißen. Als er die entsprechende Antwort erhalten hatte, gab der Direktor des Zoos eine riesige Gummihülle in Auftrag, die dann mit Luft gefüllt werden sollte.

Zwei Wärter erhielten die Anweisung, die Hüllen von beiden Enden her aufzublasen. Um Geheimhaltung zu gewährleisten, sollte die ganze Arbeit im Laufe der Nacht ausgeführt werden. Die Bewohner der Stadt hatten bereits erfahren, daß ein echter Elefant ankommen solle und wollten ihn sehen. Außerdem hatte es der Direktor eilig, da er sich eine Prämie versprach, sobald sich seine Idee als erfolgreich erwiesen hätte.

Die beiden Arbeiter schlossen sich also in einer Scheune ein, in der eine kleine Werkstätte untergebracht war, und begannen mit dem Aufblasen. Nach zwei Stunden mühsamer Arbeit mußten sie jedoch feststellen, daß sich die graue Gummihaut kaum merklich vom Boden abhob und eine knollige, aber platte Gestalt bildete, die in nichts einem Elefanten glich. Die Nacht schritt voran, die menschlichen Stimmen verstummten, und nur das Gebell der Schakale drang aus dem Garten. Entmutigt unterbrachen sie für einen Augenblick die Arbeit, achteten aber darauf, daß die bereits eingeblasene Luft nicht wieder entweichen konnte. Es waren ältere Leute, und eine Arbeit dieser Art hatten sie noch nie ausgeführt.

„Wenn es in diesem Tempo weitergeht, werden wir vor dem Morgen nicht fertig", sagte der eine. „Was soll ich bloß meiner Frau erzählen, wenn ich nach Hause komme? Die glaubt es mir ja doch nicht, daß ich die ganze Nacht über einen Elefanten aufgeblasen habe."

„Klar!" sagte der andere. „Elefanten bläst man selten auf. Und das alles nur, weil unser Direktor eine Prämie möchte."

Nach Verlauf einer weiteren halben Stunde waren sie wieder müde. Der Rumpf des Elefanten war dicker geworden, aber an seiner endgültigen Gestalt fehlte noch viel.

„Es geht immer schwerer", sagte der erste.

„Eine verdammt harte Arbeit", pflichtete der andere bei. „Ruhen wir uns ein wenig aus."

Als sie Pause machten, erblickte der eine von ihnen einen aus der Wand herausragenden Gashahn. Er überlegte sich, ob man den Elefanten nicht mit Gas statt mit Luft zu Ende füllen könne und teilte seinem Kollegen diesen Gedanken mit.

Sie wollten es auf einen Versuch ankommen lassen, schlossen den Elefanten an die Gasleitung, und zu ihrer Freude stand das Tier schon nach kurzer Zeit in seiner vollen Größe im Schuppen. Es war wie lebendig. Ein riesiger Rumpf, Säulenbeine, große Ohren und ein festangefügter Rüssel. Der Direktor, der unter diesen Umständen auf nichts hatte Rücksicht zu nehmen brauchen, hatte seinem Ehrgeiz, ein Prachtexemplar von Elefanten zu besitzen, freien Lauf gelassen und ein besonders großes Modell bestellt.

„Erstklassig!" erklärte jener, der auf den Gedanken mit dem Gas gekommen war. „Wir können heimgehen."

Am Morgen brachte man den Elefanten in das eigens angelegte Gehege, mitten im Garten, neben den Affenkäfigen. Vor dem Hintergrund eines natürlichen Felsens sah er recht drohend aus. Es war auch ein Täfelchen angebracht, auf welchem stand: „Besonders träge – läuft überhaupt nicht".

Zu den ersten Besuchern an diesem Tage gehörten die Schüler unter Führung ihres Lehrers. Dieser wollte den Elefanten an Hand eines echten Anschauungsmaterials durchnehmen. Er stellte die ganze Gruppe vor dem Gehege auf und begann seinen Unterricht.

„... Der Elefant ist ein Pflanzenfresser. Mit Hilfe seines Rüssels reißt er junge Bäume aus und frißt dann von ihnen die Blätter ab."

Die Schüler betrachteten den Elefanten voll Bewunderung. Sie erwarteten, daß dieser irgendwelche Bäumchen ausreißen werde, aber das Tier verharrte bewegungslos hinter der Umzäunung.

„Der Elefant stammt in gerader Linie von den inzwischen ausgestorbenen Mammuten ab. Es ist also nicht verwunderlich, daß er von allen noch vorkommenden Landtieren das größte ist."

Die strebsameren Schüler machten sich Notizen.

„Nur der Walfisch übertrifft den Elefanten an Gewicht, doch dieser lebt im Meer. Wir können also ruhig behaupten, daß der Elefant der König der Wildnis ist."

Durch den Garten wehte ein leichter Wind.

„Das Gewicht eines erwachsenen Elefanten schwankt zwischen vier- und sechstausend Kilogramm."

Da erzitterte der Elefant, und dann erhob er sich in die Luft. Einen Augenblick lang wiegte er sich unmittelbar über dem Erdboden, doch dann hob ihn der Wind in die Höhe, so daß seine ganze mächtige Gestalt vor dem Hintergrund des Firmaments sichtbar wurde. Ruhig dahinfliegend, zeigte er den unten Gaffenden die vier Scheiben seiner gespreizten Beine, einen prallen Bauch und einen zipfelförmigen Rüssel. Dann trug ihn der Wind noch höher, er segelte über die Einzäunung und verschwand hinter den Wipfeln der Bäume. Verblüfft starrten die Affen in den Himmel.

Man fand den Elefanten in dem benachbarten botanischen Garten. Bei der Landung war er auf einen Kaktus gestoßen und geplatzt.

Die Schüler, die sich damals im Zoo befunden hatten, gaben das Lernen auf und wurden Rowdys. Vermutlich trinken sie jetzt Wodka und werfen Fensterscheiben ein. An die Existenz des Elefanten jedenfalls glauben sie überhaupt nicht mehr.

CHRONIK DER BELAGERTEN STADT

Die Stadt wird belagert. Die Bauern der Umgebung gelangen nicht durch die Sperren; dementsprechend ist der Milchpreis übermäßig gestiegen. Vor dem Rathaus steht eine Kanone. Die Magistratsdiener stauben sie sorgfältig mit Hasenpfoten und Federwischen ab. Jemand hat empfohlen, den Staub feucht abzuwischen. Aber wer hört schon während solcher Kriegswirren auf einen guten Rat? Jedem, der auf einem eiligen Gang durch die Stadt die Kanone erblickt, krampft sich das Herz vor Beunruhigung zusammen. Mancher zuckt die Schultern: „Die Schuhe putzen sich die Leute nicht, aber die Kanone ..." Aus Furcht vor Denunzianten tut er dann jedoch, als jucke ihn der Rücken und kratzt sich, während er die Achseln hebt, zwischen den Schulterblättern, als sei ihm nie etwas anderes in den Sinn gekommen. Mich läßt das alles kalt. Das Schicksal hat mich an mein Stübchen und diese Stadt gefesselt, und ich weiß genau, daß ich ebensowenig Marschall werde, wie ich Graf bin. Der Alte, der unter der Stiege haust, fühlt sich in seinem Element. Sein ganzes Leben lang hat er sich als Scharfschützen ausgegeben. Jetzt wird er zeigen, was er kann. Schon am frühen Morgen putzt er seine Drahtgestellbrille. Er hat Bindehautentzündung.

Am Nachmittag fiel in der Vorstadt durch eine offene Tür ein kleines Geschoß und tötete zwei Fischchen im Aquarium. Ein Staatsbegräbnis wurde angeordnet. Während der ganzen Nacht brannten in der Kathedrale Kerzen rund um einen schwarzen Katafalk. Im Sarg auf dem Katafalk lagen zwei silberne Fischlein. Man mußte sich weit vorbeugen, um sie in ihrem schwarzen, abgrundtiefen Gehäuse erblicken zu können. Später ging das Sechsgespann vor dem Leichenwagen, da es keine Last spürte, alle Augenblicke durch. Der für das Begräbnis zuständige Bevollmächtigte versuchte den Tieren zu erklären, das Wohl des Staates gebiete ihnen einen würdevollen Trauerschritt. Die Kutscher schlugen die Pferde verstohlen auf die Nüstern, und das half. Am Grabe hielt der Erzbischof eine feurige Ansprache, verwickelte sich aber in seine Albe und fiel in die Grube. Obwohl alle ein äußerst gesammeltes Gesicht machten, vermißte ihn niemand, und so wurde er aus Versehen zugeschüttet. Übrigens hat man ihn sofort wieder ausgegraben, und die Totengräber mußten sich bei ihm entschuldigen. Er war anschließend sehr schlechter Laune. Immerhin wuchs nach diesem Begräbnis der allgemeine Haß auf den Feind beträchtlich.

Am selben Abend schoß der Alte in der Dämmerung den Laternenanzünder an. Er erklärte, die dürftige Beleuchtung sei schuld daran, denn er habe genau auf die Feinde gezielt. Auch versicherte er, seine Bindehautentzündung werde bald geheilt sein.

In der Nacht gab es in dem Keller unseres Hauses einen lauten Knall. Nicht sachgerecht verkorkte Flaschen mit gärendem, hausgemachten Wein waren explodiert. Wir stellten eine Wache aus.

Als wir des Krachs wegen alle in den Keller rannten, um nachzuschauen, was geschehen war, sah ich, daß die Nachbarin ein Nachthemd trug, dessen Muster mich lebhaft an kleine Herbstblätter erinnerte. Ich machte sie darauf aufmerksam. Gleich mußten wir an den Herbst denken, und das machte uns so traurig, daß wir uns, obwohl die andern wieder schlafen gegangen waren, auf die Hintertreppe setzten, die auf den Hof und ins Gärtchen führt. Dort jammerten wir über diese unfreundliche Jahreszeit. Aber mir fiel ein, daß ich eine mit einfachen, doch lieben Frühlingsblumen verzierte Decke besitze. Diese holte ich und breitete sie über die Nachbarin. Gleich fühlten wir uns wohler.

Am Morgen eine neue Sensation: Ein Patriot fand beim Frühstück in seinem Kaffee ein Torpedo. Er meldete es sofort. Der Kaffee wurde ausgegossen. Eine Empfehlung, Kaffee nur noch durch einen Strohhalm zu trinken, kam heraus. Jetzt ist auch die Sauermilch vermint. Vermutlich sind das unsere Vergeltungsmaßnahmen.

In der Zeitung wird zur Anspannung aller Kräfte aufgerufen. Wir sollen Taten vollbringen, die zu Ruhm und Beförderung führen. „Ein General in jedem Haus!" lautet die Losung des Tages. Ich habe alle Kräfte angespannt, aber dabei sind mir die Hosenträger gerissen. Meine Wirtin mault: „Ein General hat mir gerade noch gefehlt. So etwas wischt sich die Schuhe nicht ordentlich ab und behält die Mütze auf dem Kopf." In der Ausstellung drei Straßen weiter zeigen sie einen Mustergeneral. Angeblich soll es dort auch Bücklinge geben. Aber dieser Hosenträger wegen kann ich nicht aus dem Haus.

Ich versuchte zu lesen, aber meinem Fenster gegenüber hat sich der Alte postiert. Er ist so froh darüber, daß er sich endlich voll und ganz einsetzen kann. Mit dem ersten Schuß hat er mir die Lampe zerschlagen. Ich habe mich dann unters Kanapee geflüchtet, wo ich mich in verhältnismäßiger Sicherheit der Lektüre hingeben konnte. Zuerst las ich „Sindbad der Seefahrer". Dann jedoch hatte ich den Eindruck, dies sei kein der Zeit, in der wir stehen, würdiges Buch. Ich robbte zum Bücherregal und holte einen schon etwas vergilbten Band hervor: „Der Triumphzug der Saugpumpe in den Anlagen des täglichen Gebrauchs". Die

Kugeln prallen an den Sprungfedern des Kanapees ab. Die Federn geben einen lange nachvibrierenden Ton.

Gegen Mittag ging dem Alten die Munition aus. Vielleicht ist er auch zum Augenarzt. Die Wirtin brachte die Nachricht mit, in den Photogeschäften würden alle Aufnahmen von Männern mit Bart konfisziert. Warum, konnte sie mir nicht sagen. Sie hat mir die Hosenträger repariert, aber die Neuigkeit ließ mich nicht ruhen. Die noch frisch im Gedächtnis haftende Lektüre erfüllte mich mit Forschergeist. Ich klebte mir einen falschen Bart vor und ging auf die Straße. Schon an der Ecke nahmen mich zwei Feldgendarmen fest, brachten mich zum nächsten Photographen, nahmen mich auf, entwickelten das Bild und beschlagnahmten es auf der Stelle.

In dieser Nacht konnten wir wieder nicht schlafen, da Panzerautos über die Dächer fuhren und bei den Katzen, die sich dort um diese Zeit herumtreiben, eine Ausweiskontrolle vornahmen. Soviel man hört, konnte sich nur eine Katze ausweisen, aber auch diese wurde festgenommen. Eine gewöhnliche Katze, die mir nichts dir nichts einen Ausweis besitzt, – das mußte verständlicherweise Verdacht erwecken.

Die Nachbarin ging heute in einem Kleid zur Stadt, das mit grünen Erbsen gemustert war.

Seit dem Morgen malen dreißig Arbeiter die bisher blinkende Rathauskuppel schwarz an. Sogar an ziemlich trüben Tagen hat die Kuppel früher gefunkelt. Aber jetzt ist eben Belagerung. Einer der Maler glitt vor meinen Augen auf der abschüssigen Fläche aus, fiel auf die Straße und brach sich ein Bein. „Fürs Vaterland, das Teure!“ schrie er, als sie ihn aufhoben. Ein Passant, der dies hörte, riß einem andern den Spazierstock aus der Hand und brach sich selbst mit einem Schlag ein Bein. „Ich will nicht nachstehen", schrie er. Sein eigener Ruf erregte ihn noch mehr, so daß er sich obendrein auch die Brille zerschlug.

Im Zirkus spielen sie ab heute nur noch patriotische Nummern und nicht einmal die alle.

In der Familie unseres Hausmeisters machen sich bereits die ersten typischen Folgen der mit der Belagerung verbundenen Lebensmittelverknappung bemerkbar. Auf dem Heimweg kam ich an dem offenen Souterrainfenster vorbei und hörte, wie der Hausmeister zu seinem Sohn sagte: „Wenn du nicht lieb bist, ißt dir Papa das Mittagessen weg." Seine Stimme war voll von kaum verhohlener Gier. Ich zuckte die Schultern. Warum gibt dieser Vater nicht einfach zu, daß er hungrig ist? Das Kind würde dies sicher verstehen. Diese Heuchelei empörte mich zutiefst.

Die Wirtin begrüßte mich mit einer Neuigkeit: „Wissen Sie schon, daß in diesem Jahr Weihnachten ausfallen soll? Die Christbäume sind für die Barrikaden bestimmt."

„Machen Sie sich nichts daraus", sagte ich. „Da hängen wir die Kugeln eben an den Asparagus."

„An den Asparagus?" jammerte sie. „Jesusmaria, hat die Welt so etwas schon gesehen?"

„Was wollen Sie, gute Frau, besser an den Asparagus als an gar nichts."

Sie dachte einen Augenblick nach. „Da haben Sie recht", sagte sie schließlich. „Aber wenn die den Asparagus auch für die Barrikaden haben wollen?"

Darauf wußte ich nichts zu sagen. Durch die Straßen rasen Dackel, die jetzt als Boten eingesetzt werden. Offenbar ist wieder etwas passiert.

Erste Sitzung des Generalstabs. Angeblich ist es zu einer Meinungsverschiedenheit gekommen, was den Gebrauch der vor dem Rathaus stehenden Kanone betrifft. Man war sich zwar darin einig, daß man mit ihr auf den Feind schießen solle, aber die einen wollten, daß dies an einem staatlichen Feiertag geschehe, während die andern an einem kirchlichen Feiertag schießen wollten. Es bildete sich ein Zentrum; dieses vertrat die Meinung, man solle einen neuen staatlichen Feiertag anordnen, der wie zufällig auf ein Kirchenfest treffe. Die Linke spaltete sich daraufhin sofort in zwei Gruppen; die eine schlägt vor, den Änderungsantrag des Zentrums in Erwägung zu ziehen, während die zweite diesen Vorschlag sofort ablehnte und ihn als ein Zeichen des Opportunismus verurteilte. Kurz darauf spaltete sich auch die Ultralinke. Die eine Gruppe verlangte, es solle eine Resolution gefaßt und veröffentlicht werden, die das Verhalten der Gemäßigten nachdrücklich verurteile und sich davon distanziere. Die zweite empfahl, man solle sich auf einen nur für den inneren Gebrauch bestimmten Einspruch in zurückhaltender Form beschränken. Ähnliches geschah auch im Lager derer, die die Schießerei an einem kirchlichen Feiertag veranstalten wollten. Auch hier erfolgten die Spaltungen gemäß dem Standpunkt, den die einzelnen Gruppen zum Vorschlag des Zentrums einnahmen. Nachmittags rissen mir die Hosenträger wieder. Es ist mir peinlich, die Wirtin noch einmal um Hilfe zu bitten. Schließlich hat auch diese Frau das Recht auf ein Eigendasein. Ich sitze also zu Hause und exzerpiere aus dem „Triumphzug".

Abends fühlte ich mich müde. Ich sagte mir, daß mir nach angestrengter geistiger Arbeit eine Entspannung zustehe. Das Dunkel auf der Straße ermutigte mich, – der Laternenanzünder liegt noch immer im Krankenhaus. Nicht einmal fünf Schritte weit kann man sehen, daß meine Hosenträger gerissen sind. Ich schlich mich zur Wirtschaft, wo ich an der Theke die Bekanntschaft eines sehr netten Menschen machte. Wie sich herausstellte, war es der Kanonier unseres

Geschützes. Er vertraute mir an, daß er keine Ahnung hat, wie man damit schießt. Er ist Seidenraupenzüchter und wurde zum Artilleriedienst durch einen Fehler in der Kartothek einberufen. Während ich das Glas zum Munde führte, mußte ich mit der linken Hand meine Hose halten. Die Zeit verging uns rasch. Bald schon umarmten wir uns herzlich. Leider konnte ich ihn nicht in meine beiden Arme nehmen. Ich fürchte, er hielt mich für einen kalten und verschlossenen Menschen. Auf dem Heimweg hielt ich mich dicht an die Mauern, da durch die leeren Straßen die Kugeln des kurzsichtigen Alten pfiffen.

Leider hatte die Wirtin die Tür verriegelt. Unentschlossen schlenderte ich im Garten herum und schaute zu den Fenstern empor. Einige, darunter auch das der Nachbarin, waren noch erleuchtet. Ich konnte sie sogar sehen. Sie war so leicht angezogen, daß sie vor Kälte zitterte. Fast wäre ich aus Kummer in Tränen ausgebrochen. Wie kann man nur so wenig auf sich achten?

Da ich spät zu Bett gekommen war, schlief ich bis Mittag. Als ich aufstand, überraschten mich zwei wichtige Neuigkeiten. Die eine betrifft die zweite Sitzung des Generalstabs, wo sich nunmehr auch das Zentrum nach Maßgabe der Einstellung seiner Mitglieder zu den Standpunkten der beiden Gruppen der Ultralinken und der Linken, sowie zu den drei aus dem rechten Flügel entstandenen Gruppierungen zu spalten begann. Und die zweite Neuigkeit: Im Rathaus hat eine Feierstunde stattgefunden. Unser Alter erhielt in Anerkennung seines freiwilligen, wachsamen Kampfes mit dem Feinde einen Orden und einen neuen Karabiner mit Fernglas. Sofort eilte ich in die Apotheke und versah mich mit Jod und Verbandstoff, was ich von nun an ständig mit mir führen werde. Bei der Feier im Rathaus kam es zu einem kleinen Skandal. Infolge seiner

Kurzsichtigkeit steckte sich der Alte die Medaille verkehrt an. Als man ihn darauf aufmerksam machte, eröffnete er das Feuer. Mit dem Ruf, niemals werde er einen Feind durchlassen, rannte er in die Stadt. Die Auszeichnung hat seine Opferbereitschaft noch erhöht. Welch ein Übermaß an edlem Wollen in diesem Menschen, welch eine Glut!

Aber das Leben in der Stadt bedrückt mich. Ich meine, es wäre Zeit, einen Maiausflug zu machen. Sich irgendwo ins Gras legen und über sich nur die langsam ziehenden Wolken haben! Ob wohl das Wetter hält? Mein Gott, in meiner Stadt gibt es so viele schöne Kathedralen und Denkmäler. Die Jahreszeiten wechseln so wundervoll, als ob die Natur selbst uns ein ständiges Theater mit unmerklich wechselndem Bühnenbild besorgte. Wenn man irgendwo am Rande der Befestigungen jetzt auf die Mauern stiege, könnte man sicherlich im Süden eine durch nichts begrenzte Welt erblicken. Gibt es etwas Schöneres als an einem Sommermorgen um fünf Uhr am Strand des Meeres zu stehen und zu wissen, daß man gleich nach Süden, immer weiter nach Süden schwimmen wird? Sicherlich gibt es etwas, und diese Sicherheit macht uns geneigt, guter Dinge zu sein und fröhlich immer weiter und weiter zu wandern. Natürlich stellte ich mir das alles nur vor. Das Fehlen ordentlicher Hosenträger setzte mir immer mehr zu. Infolge meiner Unkenntnis des praktischen Lebens vermochte ich nicht, dem Schaden selbst Abhilfe zu schaffen, andererseits hinderte mich die Scham, andere um Hilfe zu bitten. Zudem ereignete sich dauernd etwas Neues. In einem offiziellen Kommuniqué wurde mitgeteilt, daß das Abfeuern der Kanone endgültig auf den morgigen Tag festgelegt sei.

Dies hatte eine allgemeine Betriebsamkeit zur Folge. Eine der Instruktionen enthielt die Anweisung, jeder

Bürger habe sich für die Dauer der Belagerung, vor allem aber für den Abfeuerungstag, einen Helm zu beschaffen. Daraus entstand eine große Verwirrung. Meine Wirtin machte sich mit Auftrennen und Nähen zu schaffen und kam dann in einem Filzhelm zu mir. Sie hatte ihn zurechtgeschneidert aus einer alten, bisher auf dem Dachboden in einem Koffer verwahrten Mütze, in der sie, als sie noch klein war, zur Schule gegangen ist. Der Helm roch nach Mottenpulver.

„Ist es gut so?“ fragte sie mich unsicher und fast verschämt.

Ich war ganz überrascht, da sie alle Vorbereitungen in der Stille vollbracht hatte, statt wie sonst, wenn sie eine Anordnung der Behörde ausführte, laut zu maulen und zu schimpfen, was mich jeweils auf dem laufenden hielt.

„Ausgezeichnet sehen Sie aus darin“, sagte ich, „ganz jung sehen Sie aus. Nur wissen Sie, das Ganze ist etwas zu weich, ein Helm müßte steif und hart sein.“

„Was soll ich bloß machen?“ jammerte sie. „Ich habe alle Löcher zugestopft, so gut es nur ging.“

„Das ist nicht die Frage“, versuchte ich sie geduldig aufzuklären. „Verstehen Sie, im Ernstfall . . . Aber Sie haben doch sicherlich ein Stück Blech, eine Bratpfanne oder irgendeinen alten Topf, den sie nicht mehr brauchen . . .“

Ich selbst machte mir die Sache recht leicht. Als sie weggegangen war, nahm ich den Asparagus aus dem Blumentopf und stülpte ihn auf den Kopf. Dies bot freilich nicht einmal vor Splittern Sicherheit, aber nicht darauf kam es mir an. Ich wollte einfach meine Ruhe haben für den Fall, daß Kontrollen durchgeführt würden. Einen Augenblick störte mich der Gedanke, was wir machen sollten, wenn wir den Asparagus tatsächlich für Weihnachten brauchten.

Vom Wunsche beseelt, mich nach einem Tage voller Vorbereitungen zu entspannen, machte ich am Abend einen kleinen Bummel auf den Friedhof. Wirklich fand ich dort, was ich suchte: Friede und Stille. Besonders wohltuend wirkte dies nach dem Gang durch die Straßen, die voll von einer aufgeregten, größtenteils bereits mit Helmen versehenen Menge waren. Alle hatten es eilig, noch rechtzeitig ihre Einkäufe für das morgige Fest zu machen, an dem alle Läden geschlossen bleiben sollen.

Als ich langsam durch die Allee ging, kam ich an dem noch unvollendeten Obelisken vorbei, der auf dem repräsentativen Grab der am ersten Tag der Belagerung gefallenen Fischlein errichtet wird. Aus Gewohnheit sage ich „Fischlein", obwohl dies im Widerspruch zu dem Inhalt der Grabtafel steht. Zu meiner Verwunderung traf ich dort die Nachbarin, die anscheinend gleich mir für eine Weile dem Lärm und Wirrwarr der Stadt entflohen war. Unter ihrem kleinen Wellblechhelm lugte ihr Haar hervor. Ich wurde ganz befangen.

„Wie still es hier ist", sagte ich, als ich neben ihr stand.

„Ja, sehr still", antwortete sie.

„Morgen schießen sie."

„Ja, soviel man hört." Sie nahm ihren Spiegel heraus und setzte sich den Helm zurecht.

Das Abfeuern der Kanone mißlang. Die Wirtin teilte mir das mit. Ein offizielles Kommuniqué wurde nicht herausgegeben. Ich dachte mir, daß mir mein Bekannter, der Kanonier, also die Wahrheit gesagt hatte. Vielleicht spielten hier aber ganz andere Momente eine Rolle, und es war gar nicht seine Schuld. Die Leute redeten ziemlich viel über dieses Thema. Ich war aber von etwas anderem in Anspruch genommen, denn ich wollte mich endlich auf einen Maiausflug begeben. Wie schon erwähnt, ging ich in dieser Zeit meiner Hosenträger wegen während des Tages nicht auf die Straße. Der Wirtin erklärte ich, die Beine täten mir weh und ich hätte viel Arbeit. Dabei wies ich auf den geöffnet auf dem Tisch liegenden „Triumphzug der Saugpumpe in den Anlagen des täglichen Gebrauchs" und meine Notizen. Was den Maiausflug betrifft, so rechnete ich damit, daß ich am Stadtrand niemandem begegnen würde, außerdem wollte ich erst spät am Nachmittag losgehen. Am Abend des Abfeuerungstages blieb ich zu Hause und überließ mich meinen Plänen und Träumen über den bevorstehenden Ausflug. Nachdem ich das Licht ausgelöscht hatte, stand ich noch lange am Fenster.

Als ich am nächsten Morgen aufwachte, hörte ich meine Wirtin in der Küche weinen. Ich war ganz konsterniert, denn ich konnte mir nicht vorstellen, was ihr einen solchen Kummer bereiten mochte. Dann brachte sie mir zusammen mit dem Frühstück und den Schnitten für den Ausflug die Zeitung. Sie stellte alles auf den Tisch und lief schluchzend weg. Auf der ersten Seite der Zeitung war ein Photo von mir und die Mitteilung, daß an allem kein anderer schuld sei als – ich.

Das wunderte mich weniger, als ich erwartet hätte. Woher soll ich schließlich mit Sicherheit wissen, daß ich nicht an allem schuld bin? Ich ging nicht aus dem Haus und freute mich jetzt heimlich über den Defekt meiner Hosenträger, der mich ans Zimmer fesselte. Es wäre mir peinlich gewesen, mich den Leuten zu zeigen, da ich an allem schuld war und für meine Mitbürger darüber kein Zweifel bestand.

Nur schade, daß mir die Annehmlichkeit des Maiausflugs verdorben war. Als ich aus dem Haus ging, hielt ich mit der einen Hand, wie gewöhnlich, meine Hose, die andere reichte ich dem Hausmeister. Alle meine Bücher, darunter auch „Die Abenteuer Sindbads, des Seefahrers“ und den „Triumphzug der Saugpumpe in den Anlagen des täglichen Gebrauchs“ vermachte ich meiner Wirtin. Sie bat mich, ich solle ihr von Zeit zu Zeit schreiben. Glücklicherweise dämmerte es bereits. Der Laternenanzünder war noch immer nicht gesund. Ich ging auf den Hof und hoffte, ich werde die Nachbarin durchs Fenster sehen. Ich erblickte sie nicht, hörte aber, daß sie mit jemandem sprach. An der Stimme erkannte ich meinen Bekannten, den Kanonier. Dann wandte ich mich nach Süden. Ich liebte meine Stadt aufrichtig. Die Mauern atmeten eine milde, tiefe Wärme aus, wie sie die Steine an der Neige eines heißen Tages von sich geben. Immer habe ich die echte Architektur bewundert, alles, was klug und einfach ist, was sich gleichsam von selbst ergibt, was groß und schön ist dank einer Art natürlicher, unwillkürlicher Bewegung. Soweit das möglich ist, macht mir also das Leben Spaß.

Ich betrachtete die Umgebung der seit langem verlassenen alten Zitadelle. Dann ging ich auf die alten, sich aber immer noch deutlich hervorhebenden Wälle in ihrem jetzt vor der zweiten Heumahd üppigen Grün zu. Immer leiser wurde hinter mir der Lärm der Straßen, als ich die Außenwerke betrat, die mit der Zeit die Gestalt runder Buckel angenommen hatten. Sie hatten all ihren kriegerischen Inhalt eingebüßt und bildeten jetzt idyllische, wenn auch irgendwie beunruhigende Hügel. Mich freute es, daß sich meine Vermutung als richtig erwiesen hatte. Fast niemandem war ich unterwegs aufgefallen, so daß ich unbekümmert mit einer Hand meine Hose halten konnte. In der anderen trug ich meine Schnitten.

Etwas ermüdet von dem schnellen Marsch rastete ich in einem Tal zwischen zwei sehr hohen, sich im gleichen Abstand weit in die Ferne ziehenden Wällen. Schon seit ge-

raumer Zeit ging ich auf der Sohle dieser Schlucht; über mir sah ich jetzt nur noch einen Streifen des allmählich dunkler werdenden Himmels. Als ich zu ihm hinaufschaute, merkte ich, daß sich vor seinem Hintergrund außerordentlich scharf eine Gestalt abzeichnete, die einen Karabiner reinigte und auf der Brust ein blitzendes Scheibchen wie von einer Medaille trug. Dort auf der Höhe schien noch die Sonne, während in meiner Furche schon ein dunkelblauer Schatten lag.

Da oben befand sich natürlich der Alte mit der Bindehautentzündung, der in der Verfolgung der Feinde so unermüdlich ist. Ohne sich in seinem freiwilligen Dienst eine Rast zu gönnen, wachte er jetzt am Rande der Stadt. Obwohl ich erfüllt war von Bewunderung ob seiner ausdauernden Leidenschaft, fürchtete ich doch, dem Guten könne trotz edelster Absichten auf Grund seines Augenleidens ein Irrtum unterlaufen.

Glücklicherweise sah er mich nicht. Ich bemühte mich, kein Geräusch zu machen und ging auf Zehenspitzen weiter dem Tal nach. Bald darauf hatte ich ihn schon hinter mir. Ich wäre wesentlich schneller vorangekommen, hätte mich nicht die ständig rutschende Hose, die ich dauernd festhalten mußte, behindert. Wenn ich nur keine defekten Hosenträger gehabt hätte! Diese lächerlichen Skrupel verließen mich auch jetzt nicht. Schließlich war ich doch allein in diesem Tal, vor wem brauchte ich mich zu schämen?

Dann schoß er aber doch noch. Als ich schon, mit dem Gesicht auf der Erde, im Grase lag, fühlte ich, wie mein Herz dumpf und dumm schmerzte.

DIE EINGABE

Höflichst ersuche ich darum, mir die Weltherrschaft übertragen zu wollen. Ich begründe meine Eingabe damit, daß ich der beste, klügste und persönlichste von allen Menschen bin.

Teile auch mit, daß unser Landkreis zu den armen gehört. Sandböden, sonst nichts. Und die Jahrmärkte wurden abgeschafft, weil jetzt die Industrialisierung kommen soll. Auch bei uns im Hause herrscht kein Überfluß, denn der Schwiegersohn muß, von mir ganz abgesehen, für den Lebensunterhalt von acht Personen, darunter zweien, die der Intelligenz angehören, sorgen. Ich habe also weder Geld noch eine Armee, um meiner Bitte Nachdruck zu verschaffen. Deshalb stelle ich auch den Antrag, mich von der Pflicht, Atombomben zu besitzen, befreien zu wollen. Falls erforderlich, kann ich eine entsprechende Bescheinigung des Pfarramtes beschaffen.

Wohl verstehe ich, daß es unter diesen Umständen nicht einfach sein wird, mir die Macht in die Hand zu geben. Ich hege jedoch die Hoffnung, daß sowohl der begeisterte Wille der Völker als auch die Entwicklung der Geschichte meine Bitte unterstützen. Außerdem baue ich auf die göttliche Vorsehung.

Vor allem bin ich, wie bereits erwähnt, besser als alle anderen Menschen. Vielleicht gibt es welche, die dem widersprechen und behaupten, sie selbst seien besser. Aber solche Behauptungen haben keinerlei Gewicht; denn sie sind nicht ich, woher sollen sie also wissen, wie gut ich bin?

Ich meine, es wäre für alle besser, wenn ich in der Welt der Oberste wäre. Da ich opferwillig bin, kann ich mich mit einer solchen Aufgabe befassen. Solange ich jung war, habe ich allerlei angestellt, aber jetzt habe ich meinen Weg gefunden und könnte auch andere führen.

Wir haben keinen einzigen Panzerwagen. Sogar das Sieb ist kaputt, und die Tochter tut sich daher mit den Nudeln sehr hart, die Arme. Aber was bedeutet das schon? Schließlich regiert man die Welt, weil man der Beste ist und nicht weil man eine Armee hat. Niemand möchte regieren, weil er eine Armee hat, sondern immer nur weil er der Beste ist. Meine Aussichten sind also ebensogut, ja sogar besser, denn ich habe keine Armee und bin wirklich der Beste. Wozu brauche ich ein Kriegsschiff? So etwas kostet nur Geld, außerdem stünde es zu Hause im Wege herum, vor allem jetzt, wo die Tochter schon wieder guter Hoffnung ist.

Es geht mir nicht um mich, sondern allein um die Menschheit. Wenn ich mich manchmal im Gärtchen hinter dem Haus verstecke – das Gärtchen gehört nämlich, Gott sei Dank, noch uns – und Johannisbeeren zupfe oder ganze Hände voll abreiße, dann stößt mich plötzlich etwas wie mit einem Finger. Da sitzst du in den Johannisbeeren und dort ist die Menschheit! Dann möchte man alles hinwerfen und wegeilen, um die Herrschaft anzutreten.

Gestern hat mich der Schwiegersohn eingeschlossen, weil er sagt, ich esse zu viel. Ich habe also etwas Zeit und schreibe, was ich schon lange schreiben wollte. Nur sind immer so viele Fliegen im Tintenfaß ertrunken, daß es unangenehm war, die Feder einzutauchen. Erst jetzt, im Herbst, ist es etwas besser damit.

Ich habe Glück, daß ich in mir bin und kein anderer nicht ich ist. Ein schrecklicher Gedanke, daß ein anderer ich sein

könnte und dann auf mich schaute und nicht wüßte, wie ich bin.
Der Schwiegersohn ist gekommen. Ich verstehe ja, daß alles teuer ist, aber muß man immer gleich hauen?
Eine zustimmende Antwort auf meine Eingabe erwartend, bin ich . . .

DAS SCHICKSAL DES GRAFEN

Um Eindrücke zu empfinden, wie sie jedem gesunden Mann fast von selbst zuteil werden, benötigte Graf N. Anreize, die einem Vertreter des einfachen Volkes zumindest als theatralisch erscheinen mußten. Sobald der Graf für jemanden Interesse zeigte und mit der betreffenden Person nähere Beziehungen anknüpfen wollte, begannen jene Schwierigkeiten, die weit über den Rahmen des gräflichen Lebens hinausreichten. Um dies genauer auszudrücken, ohne gleich drastisch zu werden, ist zu sagen, daß der Graf das Zusammenspiel einiger Umstände benötigte, von denen schon jeder für sich genommen reichlich kompliziert war.
Vor dem Fenster mußte gerade in diesem Moment eine Kompanie Infanterie vorbeimarschieren. Man kann sich leicht vorstellen, wie spärlich das Liebesleben des Grafen vor allem in Friedenszeiten gewesen wäre, hätte er sich dabei allein auf die glückliche Fügung verlassen müssen. Hier kommen wir jedoch der Sache näher. Der Graf übte nämlich in seinem Lande die Oberherrschaft aus, und diese Stellung erlaubte es ihm, der Eigenart, mit der ihn die Natur behaftet hatte, durch Mittel zu begegnen, die dem durchschnittlichen Staatsbürger unzugänglich wären. Ein Anruf bei einem der untergeordneten Generale hätte genügt, und vor den Fenstern des Palastes wäre eine belie-

bige Anzahl bis an die Zähne bewaffneter Infanteristen auf und abmarschiert. Aber niemals mißbrauchte der Graf seine Vorrechte als Oberbefehlshaber, niemals hielt er die Armee von ihrer Hauptaufgabe, der Verteidigung der Grenzen vor Überfällen, ab. Er hielt sich lediglich eine Sonderkompanie, die sich in beständigem Alarmzustand befand. Hier dienten zumeist Bauern, die ihre Steuern nicht bezahlt hatten und nun auf diese Weise das dem Staate Geschuldete abtrugen. Es war eine ausgezeichnet gedrillte Strafabteilung. Dies mußte so sein, denn zu allem Überfluß litt der Graf auch noch unter der Eigenart, daß ihn der falsche Schritt eines der Vorbeimarschierenden völlig aus dem Konzept gebracht hätte.

Diese Besonderheiten des Grafen ließen sich nur erklären, wenn man weit in die Vergangenheit zurückgriffe. Seine Reifejahre fielen in die Zeit der Offensive Brusillows.

Der zweite zur Erweckung des, wie man sieht, ungewöhnlich schwierigen Menschen erforderliche Umstand war ein großes Streichorchester, und zwar nicht nur seine Töne, sondern vor allem sein Anblick. Was die Soldaten anging, genügte es dem Grafen, daß er hörte, wie sie vorbeimarschierten, im Falle des Orchesters jedoch wirkte auf ihn nicht nur der Reiz der Melodie, sondern auch der Anblick der Bogen. Man kann sich vorstellen, welche Schwierigkeit die Synchronisierung des Orchesters mit den militärischen Bewegungen verursachte. Man darf jedoch nicht vergessen, daß alle Mittel des Landes, für besonders komplizierte Aufgaben also auch Elektronengehirne, dem Grafen zur Verfügung standen.

Diese besondere Musikliebe des Grafen beeinflußte das künstlerische Leben des Landes positiv. Die Mitglieder des Orchesters, das mit hervorragenden Künstlern ausgestattet war, verdienten recht gut. Manchmal, wenn die verzweifelte Gattin eines Musikers um Geld jammerte, konnte es geschehen, daß der Mann antwortete: „Jetzt habe ich keinen Groschen. Aber am Freitag spiele ich beim Grafen." Dies bedeutete dann, daß die Familie des Künstlers bereits am Freitag abend zu essen bekam. Kein Wunder, daß man sich um eine Stelle im Orchester schlug. In das Ensemble suchten sich sogar Maler und Literaten einzuschleichen, die ein wenig geigen konnten, aber das unbestechliche Ohr des Grafen fand jeden heraus, für den die Geige keine Berufung darstellte, so daß solche lediglich aus Gewinnsucht angestellten Versuche meist zum Scheitern verurteilt waren.

Dies alles war jedoch nichts gegenüber dem dritten Umstand, den der Graf benötigte. Er fühlte sich nämlich nur wohl, wenn in dem Augenblick, da bereits der Schritt der Infanterie ertönte und alle Bogen eilig strichen, auf einem künstlichen Felsen ein Bär erschien.

Es mußte ein wilder Bär von natürlicher Größe, kurzum ein echter Bär sein. Ohne Bären wäre für den Grafen alles nur eine halbe Sache gewesen. Nur beim Anblick eines lebendigen Bären, unter Mitwirkung des Militärs und der Künstler, konnte der Graf dem Geheimnis des Seins auf den Grund kommen und seiner Berufung als Mann die Stirn bieten.

Die ganze Sache war, vor allem der Wildheit dieser Tiere wegen, maßlos schwierig. Man wird fragen, ob es nicht genügt hätte, einen einzigen Bären entsprechend abzurichten. Aber dies gelang nicht, denn jeder Bär bekam schon bei seinem ersten Auftreten Wutanfälle, brüllte und wollte nicht auf dem Felsen bleiben, so daß der beleidigte Graf ihn erschießen lassen mußte. Die Bären wurden für kostbare Devisen importiert. Schon damals waren diese Tiere selten, und ihr Preis stieg unaufhörlich. Fühlte sich der Graf gesund, so geriet der Staat immer wieder in schwere Finanzkrisen.

Auch zur Aufklärung dieser Eigenart müßte man in die Vergangenheit zurückblicken, in das Kinderzimmer des kleinen Grafen, der, als er heranreifte, vor den Augen seines Vaters zwischen den Seiten von Reisebüchern oder von Büchern, welche die Natur oder die Jagd behandelten, Aufnahmen von Ballettmädchen zu verstecken pflegte. Dies war nicht ohne Einfluß auf die damals wachsweiche Empfindsamkeit des Jungen geblieben.

So geriet der General in den Ruf, ein Don Juan zu sein; die Schützen marschierten, Geigenkonzerte erklangen und die Bären brüllten. Dies alles hätte sicherlich sein natürliches Ende gefunden, wäre nicht die Revolution dazwischengekommen. Nach wie vor bezahlten die Bauern ihre Steuern nicht, enthielten sie aber jetzt einem anderen Staat vor.

Jahre nach der Umwälzung finden wir den Grafen im Rückgebäude eines bescheidenen Mietshauses. Längst schon hat man ihm alle Macht genommen, ihn verjagt und schließlich vollkommen vergessen.

Vielleicht könnte der Fall des Grafen Anlaß für interessante Forschungen über die Abhängigkeit der persönlichen Empfindungen des Menschen von seiner Stellung in der sozialen Hierarchie bieten.

Aber leider, während eine hoch gestellte Persönlichkeit gleichsam auf einem Sockel steht, so daß alle, auch ihre kleinsten Bewegungen, weithin sichtbar sind, so unerreichbar sie selbst auch sein mag, entgleitet das Leben des gewöhnlichen Staatsbürgers unserer Aufmerksamkeit fast gänzlich.

Daher sind Gerüchte über den Hausmeister, der für ein paar Groschen auf dem Hof herumstampfen und „Graue

Soldaten der Infanterie“ singen muß, über den „Violinunterricht für Anfänger“ und den Dackel auf dem Schrank nicht nachprüfbar.
Fest steht jedoch, daß der ernste grauhaarige Herr, zu dem der Graf mittlerweile geworden ist, seine Freizeit auf eine gesunde und auch für die Allgemeinheit zugängliche Weise verbringt. Der Besuch der Philharmonie, wo er vor allem Violinkonzerte zu hören liebt, ist ein edles und empfehlenswertes Vergnügen. Während der Staatsfeiertage steht er gerne unter der Menge am Straßenrand und klatscht den vorbeimarschierenden Einheiten zu. Am Sonntag geht er in den Zoo und sitzt, bis das Glöcklein die bevorstehende Schließung verkündet, auf einer Bank vor dem Bärenkäfig.

SCHULD UND SÜHNE

Ein stilles, lila Kinderzimmer. Im Bettchen schläft ruhig ein kleiner Junge, der sein Abendgebet nicht verrichtet hat. Daneben steht mit schamrotem, hinter der Hand verdeckten Gesicht ratlos der Schutzengel.
Der Bub war wieder den ganzen Tag über von einem Bösen zum nächsten geplantscht. Er hatte Konfitüre genascht, einen Buckel gemacht, nicht aufgepaßt und war gerannt. Vergeblich hatte der Engel ihn mit einem flehentlichen Wehen seiner Flügel umgeben, ihm Hinweise für ein rechtschaffenes und reines Leben zugeflüstert. Von einem Buckelmachen zum nächsten, von Rennen zu Rennen, vom zerschlagenen Knie zur zerrissenen Hose war der kleine Unglücksrabe immer tiefer gesunken. Nichts konnte ihn zurückhalten, weder die Erinnerung daran, daß sein Vater nichts dergleichen tue, noch die Berufung auf Piotr

Pokrowski, den jungen Helden und Heiligen, noch das Summen religiöser Lieder, noch das Hinabstürzen des im ganzen Stadtviertel bekannten Buckligen in einen Abgrund, damit dem Kleinen das schlechte Beispiel aus den Augen käme.

Ohnmächtig stand der Schutzengel da. Die seinesgleichen zugänglichen Mittel hatte er erschöpft. Güte, Süßigkeit, milde Überredung, Besänftigung . . . all das nützte nichts. Unerschüttert in seiner Verwerflichkeit, in seinem Hochmut, lag der Kleine da, war taub für die Stimme des Guten, hatte sein Abendgebet nicht verrichtet und sich beim Einschlafen sicherlich vorgestellt, welche Buckel er morgen machen werde.

Im Engel gewann plötzlich die Erbitterung die Überhand. Sollte das Gute in all seiner sanften Majestät nichts zu bedeuten haben gegenüber dem Eigenwillen eines kleinen Burschen? Die Verehrung des Guten verband der Engel mit einem gewaltigen Abscheu vor dem Bösen. Es kam der Augenblick, da das kleine Herz des dienenden Geistes stärker für die gute Sache schlug als das weite Herz des Guten selbst. Aus Liebe zum Recht wollte er das Recht brechen; dies sollte sein Opfer sein.

Er nahm seine Hand vom Gesicht, schlich leise zum Bett und gab dem Buben eine kräftige Maulschelle.

Der sprang erschrocken hoch. Unter dem Eindruck des Schlages sprach er schnell sein Abendgebet, murmelte etwas Unverständliches, legte sich nieder und schlief wieder ein.

Zitternd vor Erregung und Freude blickte der Engel lange in die Nacht hinaus.

Frisch und jung kam der Morgen. Während des Schlafes hatte sich in dem Kleinen die Erinnerung an den gestrigen Abend verwischt. Beim Frühstück wollte er wie üblich seine

Milch nicht trinken. Von der Milch wurde ihm immer schlecht. Da spürte er einen harten Tritt. Er kapierte und trank still seine Milch aus.

Er verabschiedete sich von seiner Mutter und begab sich zur Schule. Artig ging er über die Straße, blieb nirgendwo stehen, sah sich nicht um. Er war auf der Hut, aber er war sich seiner Sache noch nicht sicher. Als er sich allein in einer leeren Allee befand, schaute er sich vorsichtig um und machte dann ganz schnell einen Buckel. Unverzüglich rief ihn eine kräftige Kopfnuß zur Ordnung. Es gab keinen Zweifel mehr: sein Schutzengel haute ihn.

Der gute Geist fand Geschmack an der neuen Methode. Ihn blendete die Leichtigkeit, mit der er jetzt alles erreichen konnte, was früher trotz eines großen Aufwandes an gutem Willen und Geduld undenkbar war. Bald schon merkte er, daß sich diese Methode durch die entsprechende Spezialisierung der Hiebe bedeutend vervollkommnen ließ. Dabei empfand er eine ähnliche Freude wie ein frommer Organist, wenn er geschickt die richtigen Tasten erwischt. So gab es also für Tellernichtleeressen einen Tiefschlag, für Buckelmachen eine Kopfnuß, für Einschlafen ohne Abendgebet eine Maulschelle, für Rennen und Inschweißgeraten einen rechten Haken, für Plantschen in Pfützen einen linken Haken, für Lärmen, während Papa arbeitet, einen Tritt ...

Mit dieser Methode brachte er es zu ausgezeichneten Erfolgen. Jetzt mußte der Schutzengel an den Abenden schon nicht mehr gedemütigt in der Ecke stehen und sein Gesicht in den Händen verbergen. Im Gegenteil, er setzte sich bequem hin und überwachte, während er sich die rechte Hand massierte oder mit den Fingern auf dem Tisch trommelte, zufrieden das brav und flüssig gesprochene Abendgebet. Manchmal wurde es ihm sogar langweilig, dann achtete er doppelt wachsam auf alles, was der Bub tat, und paßte auf eine Gelegenheit, um diesem durch einen kunstgerechten Hieb die Überlegenheit des Guten über das Böse zu beweisen.

Manchmal kam es sogar vor, daß der Junge, auch wenn er gar nichts angestellt hatte, einen kräftigen Schlag verspürte. Dann schlug ihn der Engel, um nicht aus der Übung zu kommen und für alle Fälle.

Der Bub veränderte sich sehr zu seinem Vorteil. Er rannte nicht mehr, machte keinen Buckel, lärmte nicht, verrichtete seine täglichen Gebete, aß seinen Teller leer. Auch äußerlich veränderte er sich. Infolge der reichlichen Mahlzeiten und des übermäßigen Milchgenusses – sobald seine Eltern nämlich sahen, daß er das ganze Glas austrank, glaubten sie, er möge jetzt Milch und gossen ihm unaufhörlich nach – wurde er dick und blaß. Nachdem er alle Verbrechen des kindlichen Alters aus sich ausgetrieben hatte, verfügte er jetzt über viel freie Zeit und lernte es, seine Kräfte für sein Innenleben zu verwenden. Er wurde immer ernster, beobachtete seine Umgebung und beschäftigte sich schließlich mit Chemie. Wenn er fett und ruhig, geheimnisvoll in sich selbst verschlossen, auf einer Bank im Park saß und nicht einmal den Versuch unternahm herumzurennen, weil er wußte, daß er sofort einen schmerzhaften Haken bekäme, beugte er sich, während die anderen Kinder im Grase Fangen spielten, über sein Lehrbuch und drang immer tiefer in die Welt der Moleküle ein. Ein hartnäckiger, tief verborgener Gedanke durchpflügte seine kindliche Stirn.

Man fing an, ihn für ein Wunderkind zu halten, und alle waren mit ihm höchst zufrieden. Er aber arbeitete mit Ausdauer. Sein Vater hatte ihm eine kleine Werkstätte eingerichtet und ließ ihm bescheidene Mittel zukommen.

So verging die Zeit. Eines Nachts erhob sich eine gewaltige Feuersäule über der Stadt, und ein mächtiger Krach erschütterte die Umgebung. Durch eine bewundernswert geschickt, wenn auch dilettantisch gebaute Bombe mit hausgemachtem Dynamit gesprengt, flog das Elternhaus unseres Kleinen in die Luft. Der Bub lief bereits über die Felder; er hatte einen vorher schon gepackten Rucksack mit Lebensmitteln, Geld und einer Schiffskarte nach Südamerika auf dem Rücken. Ihm nach raste der Schutzengel, um ihm einen doppelseitigen Haken zu verpassen.

DIE MUSTERUNG

In dem großen Zimmer mit den hellen Fenstern befand sich der Tür gegenüber ein langer, schmaler Tisch, an dem die Musterungskommission Platz genommen hatte. In der Mitte der Vorsitzende im Range eines Hauptmanns, links und rechts von ihm zwei Oberleutnants und ganz außen, über die Register geneigt, Unteroffiziere. Etwas abseits, neben der Waage, hielten sich zwei Ärzte mit Höhrrohren.
Die Tür öffnete sich, und der nächste Stellungspflichtige erschien, ein kräftig gebauter Junge, dessen ganzen Körper eine dichte Tätowierung bedeckte. Vorschriftsmäßig näherte er sich dem Tisch und baute sich gegenüber dem Vorsitzenden auf.
Die Augen aller richteten sich auf die Zeichnungen, die seine Arme, seine Brust, ja auch den Bauch und die Beine bis zu den Knöcheln bedeckten. Es waren jedoch keine Frauengestalten wie die auf Grund ihres harten Lebens nach Weiblichkeit dürstenden Offiziere erwartet hatten, sondern genau ausgeführte, wenn auch verwickelte Dar-

stellungen von Werktätigen mit Hämmern und Sicheln in den Fäusten, ja auch ganze Gruppenbilder, deren verblüffende Überfülle an Details auf den ersten Blick verwirrend wirkte.

„Was ist denn das?" fragte der Vorsitzende.

Der Bursche straffte sich, und bei dieser Bewegung erschien auf seinem Brustkasten das Panorama eines großen Industriebetriebs.

„Rechts Ernte und landwirtschaftliche Industrie, oberhalb des Zwerchfells die Schwerindustrie, auf dem Zwerchfell das soziale Leben und die Welt der Wissenschaften, zwischen Brustbein und Schlüsselbeinen Handel und Leichtindustrie, an den Beinen Sport- und Freizeitgestaltung!" rief der Junge mit kaum verhehltem Stolz.

„Na gut!" sagte der Vorsitzende, seine Überraschung mühsam verbergend. Er zog die Stirn in Falten, kratzte sich am Hinterkopf und dachte scharf nach. „Und wo sind die Abendkurse für die Erwachsenen, mit einem Wort, die Erziehung. Denn die Erziehung ist eine wichtige Sache und unsere große Errungenschaft", fügte er streng hinzu.

„Bitte, hier unter dem Arm!"

„Treten Sie näher! Ich sehe nichts. Was haben Sie dort, was stellt das dar?"

„Arbeitsaktivisten, die nach der Schicht Tischtennis spielen", erklärte der Bursche. „Sie können es vielleicht nicht richtig sehen, Herr Hauptmann, denn das muß alles sehr klein sein, sonst hätte es nicht Platz."

Hinter dem Tisch wurde es lebendig. Die Mitglieder der Kommission teilten sich leise ihre Beobachtungen mit. Der junge Mann hatte durch sein entwickeltes Sozialbewußtsein, durch seinen am ganzen Körper sichtbaren Patriotismus allgemeine Sympathie erweckt. Er verblieb vor der Kommission im Stillgestanden, und da er fühlte, daß er

einen ausgezeichneten Eindruck machte, wagte er sich mit einem Vorschlag vor:
„Wenn Sie erlauben, Herr Hauptmann, kann ich noch etwas zeigen."
Der Vorsitzende war einverstanden. Als er die Erlaubnis erhalten hatte, änderte der junge Mann seine Haltung, pumpte seine Lungen voll Luft und begann ein geheimnisvolles Spiel seiner Muskeln, durch welches sich die einzelnen Figuren, ja, sogar ganze Gruppen bewegten, als seien sie lebendig. Durch die Bewegung der Bauchfellmuskulatur erschien vor den Augen der Kommission eine Kindergärtnerin, die eine Gruppe von Kleinen spazieren führte. Indem er sich glänzend der gehorsamen Teile seines hervorragend durchtrainierten Körpers bediente, erzielte der junge Mann ein Höchstmaß an Ausdruck und Lebensnähe. Dadurch, daß er zum Beispiel seinen rechten Vorderarm beugte, Bizeps und Trizeps lockerte und spannte, stellte er eine Szene her, die zeigte, wie die Bauern das Getreide zur staatlichen Sammelstelle fahren. Die Offiziere konnten sich kaum halten vor Verwunderung über seine Umsicht und Sachkenntnis. Niemand bezweifelte, daß der junge Mann auf Grund der Loyalität, die aus allen Poren seiner kraftvollen Gestalt atmete, einen Soldaten abgeben werde, an dem der Staat seine Freude haben könne.
„Und hinten? Haben Sie da auch etwas?" fragte der Hauptmann in der Erwartung, daß dort zumindest ebensoviel zu sehen sein werde wie vorne.
„Jawohl!" antwortete der Bursche und drehte der Kommission gehorsam den Rücken zu.
Da sprangen die Anwesenden plötzlich auf, nahmen Haltung an, und ihr Blick drückte die gehörige Hingabe und Verehrung aus. Alle salutierten schweigend.

AUF DER STATION

Mit dem Fuhrwerk begab ich mich zur Station P., um Onkel Theodor abzuholen, der seine Ankunft mit dem Abendzug angemeldet hatte. Der Weg führte mich gut dreißig Werst weit durch eine flache, waldreiche Gegend, deren Eintönigkeit nur dann und wann durch breite, abgeholzte Streifen unterbrochen wurde. Unser Gouvernement gehört nicht zu denen, deren Fruchtbarkeit und Anmut die Dichter unseres Volkes in ihren Liedern besingen. Sein Reiz liegt gleichsam versteckt unter einer Schicht karger und herber Tonerde; er verbirgt sich im Waldesdickicht, wohin keiner, dem es um raschen Verdienst und sattes Leben zu tun ist, seinen Fuß zu setzen geneigt wäre. Es ist ein Landstrich besonderer Art. Sei es, daß die Sonne nicht gerne dort verweilt, wo eine finstere Erde ihren Schein nicht dankbar widerspiegelt, sei es, daß das Geschick den Winden und Niederschlägen gerade hier ihre Heerstraße angewiesen hat, das Wetter bei uns ist jedenfalls meist trübe und gleichmäßig bewölkt; es gefällt sich in feinen, dafür aber nicht endenwollenden Regenschauern. In einem solchen, gerade unserem Gouvernement eigenen Wetter fuhr ich zur Station P., und schon von weitem erspähte ich das gelbe Licht ihrer Laternen.

Es ist eine kleine, nur aus einem Gebäude bestehende Station; im Erdgeschoß befinden sich der Schalter und das Büfett, während im ersten Stock der Stationsvorsteher seine Wohnung hat. Nachdem ich dem Pferd eine Decke übergeworfen und Futter vorgelegt hatte, begab ich mich auf den Bahnsteig, um die Ankunft des Zuges und damit Onkel Theodors abzuwarten.

Unaufhörlich nieselte es; die Laternen schienen in dieser Nässe zu tränen und eine durchdringende Traurigkeit zu zerstäuben. Vielleicht schien mir nur so, weil ringsum eine betäubende Stille herrschte, oder überhaupt weil in unserem Leben etwas ist, was wir niemals richtig zu verstehen vermögen.

In meinen Filzmantel geschmiegt harrte ich, bis von der erwarteten Seite das Sprühen roter Funken und eine Wolke rosigen Dampfes erschienen und dann der Eisenbahnzug langsam in die Station stampfte und anhielt.

Ich sprang auf die Waggons zu; erst nach einer Weile wunderte mich ihre seltsame Leere und Leblosigkeit und erschreckte mich dann. Im allgemeinen steigen hier einige Einwohner des Ortes und ein paar Bauern aus, während die Reisenden, die ihrem Glück in fernen Großstädten nachjagen, in den Fenstern ihre bleichen, von Schlaf und Gleichgültigkeit gezeichneten Gesichter zeigen und unserer Station immerhin einen Blick zuwerfen. Jetzt jedoch eilte ich von Coupé zu Coupé und erblickte doch nur finstere, blinde Fenster, ohne auf die Spur einer lebenden Seele zu stoßen. Es gibt nichts traurigeres, als wenn ein unbeleuchteter und leerer Zug durch unser oben beschriebenes Gouvernement rast. Dieser Eisenbahnzug bestand übrigens aus nur sechs Waggons, und so dauerte es nicht lange, bis ich sein Ende erreicht hatte und feststellte, daß im letzten Coupé matt eine Kerze flackerte.

Froh darüber, am Ende doch noch eine Menschenseele zu finden, sprang ich aufs Trittbrett und sah durch das Fenster ins Abteil. Dort saßen zwei Männer einander gegenüber. Beiden waren Haupt, Wangen und Kinn mit langen, ergrauten Haaren bewachsen, schwer lasteten ihre Hände auf den Knien, und beide schienen zu schlummern. Einer von ihnen trug die Uniform eines Gendarmen, und ein Karabiner mit aufgepflanztem Seitengewehr lehnte an seiner Schulter. Dieses Bild enthüllte meinen Augen der greisenhafte und zittrige Schein der auf dem Brettchen unter dem Fenster befestigten Kerze.

Ich öffnete die Tür, räusperte mich, und als sie den Kopf hoben, fragte ich, ob sie nicht einen Reisenden von beträchtlicher Leibesfülle in schwarzem Gehrock, mit Uhrkette und einem Kapuzenmantel aus Filztuch, Onkel Theodor nämlich, gesehen hätten.

Daraufhin schüttelten beide verneinend den Kopf, und der in der Uniform erklärte mir mit einer Stimme, so heiser, daß er nur noch flüstern konnte, ihr Eisenbahnzug sei vermutlich nicht der Passagierzug, der gewöhnlich um diese Zeit hier ankomme und den ich zu erwarten scheine.

Etwas verwirrt dankte ich höflich und kehrte langsam über den Perron zurück, auf dem auch jetzt noch keine Seele zu sehen war. Unentschlossen wandte ich mich dem Wartesaal zu. Mittlerweile war auch das Stampfen der Maschine verstummt, ein unfehlbares Zeichen dafür, daß der Eisenbahnzug sich nicht sobald wieder auf den Weg machen werde.

Ich wußte mir keinen anderen Rat, als noch ein Weilchen auf der Station zu warten, bis der eigentliche, von Onkel Theodor angegebene Zug einträfe. Der dazu von Natur am besten geeignete wie auch von den zuständigen Behörden diesem Zwecke zugeführte Raum schien mir das bereits erwähnte Büfett zu sein, wo die Ehefrau des Stationsvorstehers den Reisenden gegen eine geringe Gebühr je nach Wunsch Tee, heiße Wurst, ja sogar geistige Getränke vorsetzte.

Als ich mich dort an einem Tisch niedergelassen hatte und mich auf ein längeres Warten einrichtete, standen plötzlich jene beiden Männer unter der Tür.

Sie überschritten jedoch die Schwelle nicht – wie Leute dies getan hätten, die genau wissen, was sie als nächstes unternehmen wollen –, sondern blieben stehen und hefteten einen so seltsamen Blick auf mich, als sei ich ihnen Vater und Mutter. Nun konnten sie freilich von mir abgesehen in diesem Raum keinen Menschen erblicken, und mir schien sogar, obwohl dies, wie ich weiß, ein törichter und eines mitleidigen Lächelns würdiger Eindruck war, daß sich auch außerhalb des Stationsgebäudes, ja in unserem ganzen, doch so volkreichen Gouvernement nicht eine Menschenseele befinde.

Wie ich zugeben muß, habe ich für alles, was mich aus der mich umgebenden Welt anweht oder berührt, ein empfängliches Gemüt. Sobald ich daher in eine Situation gerate, deren Außergewöhnlichkeit sie doppelt bedeutsam und beunruhigend erscheinen läßt, versuche ich mir möglichst rasch Klarheit über sie zu verschaffen und derart auf sie einzuwirken, daß sie mir vertraut wird und den Schein des Merkwürdigen verliert, der Seelen wie die meine unweigerlich in Verlegenheit, ja Verwirrung stürzt. Da ich also diesen zersetzenden Augenblick möglichst schnell beenden wollte – die beiden Reisenden standen noch immer unter der Tür und starrten mich an –, machte ich die Geste, die mich vielleicht am ehesten befreien konnte; ich fragte sie nämlich, ob sie nicht an meinem Tisch Platz nehmen und mir Gesellschaft leisten wollten. Beide willigten mit offensichtlicher Freude ein.

Um der Sache nunmehr ihren natürlichen Lauf zu lassen – denn eitel ist es und uns immer nur zum Nachteil gereichend, wenn wir uns gegen das zu sträuben versuchen, was sich mit Naturnotwendigkeit eines aus dem andern ergibt – bestellte ich ein Fläschchen Branntwein.

Wie bereits erwähnt, schienen meine Gäste gleichen Alters und schon nicht mehr ganz jung zu sein. Sie hatten beide die gleiche gelbe Gesichtsfarbe, und aus ihren Augen sprach jene tiefe Ermattung und Gleichgültigkeit, wie sie sich häufig auf sehr weiten Reisen nach der anfänglichen Erregung und Neugier auf die unbekannten Landschaften einstellt. Obwohl ihre Kleidung noch die Verschiedenheit ihres Standes andeutete, war sie bei beiden gleichermaßen vernachlässigt, zerrissen und elend. Man hätte sie für zwei Brüder, wenn schon nicht von Geburt, so doch durch das alle Unterschiede verwischende gleiche Schicksal halten können.

„Und Sie, meine Herren, reisen in Geschäften, aus Familiengründen oder um der Gesundheit willen?“ begann ich höflich, da wir nun schon einmal zusammensaßen.

Der Gendarm blickte demütig und gleichsam fragend auf seinen Genossen. Dieser jedoch hielt den Kopf gesenkt und starrte unverwandt auf das Astloch, das die Tischplatte unmittelbar vor ihm aufwies.

„Wie soll man sagen?“ begann der Gendarm. „Im Grunde handelt es sich um eine Dienstreise. Ich habe meinen Befehl und er sein Urteil.“

Bestürzt ob meiner Ungeschicklichkeit – wie hatte es mir nur entgehen können, daß ich einen Strafgefangenen und seinen Wachmann vor mir hatte? – fügte ich, um meinen Fehler wiedergutzumachen, rasch hinzu: „Manchmal gibt es Fehlurteile. Nicht, als ob es am schlechten Willen der Richter läge“, schränkte ich ein, um nicht auch noch den Gendarmen zu verletzen, „aber die Spuren können trügerisch sein, und die Zeugen bilden sich Gott weiß was ein und halten es für die Wahrheit.“

„Von einem Fehlurteil kann hier nicht die Rede sein", sagte streng der Gendarm, und sein Gefährte, der jetzt auflebte, nickte zustimmend und erklärte:

„Sie selbst werden dies einsehen, wenn Sie sich mit der Sache bekanntgemacht haben. Es begann damit, daß alles gut war. Ich sitze da eines Abends allein in meinem Zimmer und denke mir, wie doch unser aller geliebter Führer unser klügstes und bestes Väterchen ist. Und es freut mich, daß ich so denke, wie es sich gehört. Eine ganze Weile dachte ich so, und erst dann begann das Unglück. Der Kopf ist daran schuld, sage ich euch."

Er hob die Hand und fuhr sich über die Stirn wie ein Kranker, der seine Verletzungen berührt und sich noch immer über diese wundert.

„Als ich eine Zeitlang so dachte, und ihr wißt ja selbst, wie schwierig es ist, in einem fort dasselbe zu denken, wurde ich es müde; etwas verkehrte sich in mir, und ich begann das gleiche von einer anderen Seite her zu denken. Wie gut es doch ist, dachte ich, daß ich hier sitze und so denke und nicht anders. Denn – und nun merkt gut auf, meine Herren! – dächte ich nicht so, wie ich denke, könnte ich ja denken, daß unser bestes Väterchen – Gott bewahre mich! – einen Buckel hat oder überhaupt etwas an ihm nicht stimmt, so daß es gar nicht unser bestes Väterchen wäre. Da sitze ich also und freue mich immer mehr bei dem Gedanken, daß ich nicht so denke, wie nur einer denken könnte, der nicht unsereins ist, sondern ein Feind des Vaterlandes.

Aber da, gerade ging die Sonne unter, packte mich der Schrecken, ich könne einmal – was Gott verhüten möge! – so etwas denken, was ich ja in Wirklichkeit gar nicht denke, oder, um es klarer auszudrücken, wovon ich denke, daß es gut, billig und angenehm ist, nicht so zu denken.

Denn ihr wißt ja, der Kopf ist nun einmal so, daß er ganz von selbst denkt, und da erzitterte ich, wie schon gesagt, denn ich begriff, daß man sich auf seine Gedanken nie ganz verlassen kann."

Er schwieg einen Augenblick, ich aber und der Gendarm, obwohl der die Geschichte sicherlich schon kannte, lauschten und wagten es nicht uns zu rühren. Rings um uns lag totenstill das Gouvernement.

„Über all dem war es dunkel geworden, und ich Unglückseliger schöpfte in meinem Hochmut eine ehrliche Freude aus dem Gedanken, daß ich nicht so denke wie einer, der illoyal ist und des Vaterlandes Feind, und dabei dachte ich einen Augenblick lang, so wie jener Feind denken würde. Das Entsetzen durchdrang mich. Ich war, wie gesagt, allein, aber ich riß die Mütze vom Haken und rannte hinaus auf den Boulevard.

Aber auch dort mästete sich mein Verbrechen und schwoll immer mehr an. Da ich über das nachdachte, was ich soeben berichtete, durchlief ich noch einmal meine verfluchten Gedanken, erneuerte sie immer wieder, und verzweifelt sah ich in teuflischer Verdrehtheit die Gestalt unseres Väterchens wie lebendig vor mir stehen, aber sie war bucklig und etwas an ihr stimmte nicht, so daß sie gar nicht unser bestes Väterchen sein konnte.

Nachdem es schon so weit mit mir gekommen war, hätte ich natürlich zum Ortskommandanten eilen, alles zugeben und um Strafe bitten müssen. Unweigerlich hätte sich so der uns allen bekannte Gymnasiast Piotr verhalten, dessen Denkmal in unserer Stadt steht und über den die Kinder in der Schule Lesestücke auswendig lernen. Aber ich erwies mich als schwach und gebrechlich, und statt das Gebotene zu tun, dachte ich nur darüber nach, wie ich alles verheim-

lichen könnte. Und genau da bekam ich eine Vorladung in die Garnison vor das Antlitz des Kommandanten.
Die Vorladung an sich war nicht erstaunlich, denn der Kommandant hatte die Gewohnheit, von Zeit zu Zeit mit jedem von uns über dies und das zu reden. Er fragte nach der Gesundheit und den Nachbarn, und auch ich war früher schon zwei- oder dreimal bei ihm gewesen. Jetzt jedoch hatte ich schon kein reines Gewissen mehr. Und obwohl dies weder wahrscheinlich noch auch unwahrscheinlich erschien, war ich fast sicher, die Behörde wisse bereits, was ich dachte.
Wie üblich fragte der Kommandant nach der Gesundheit, nach Maria, der Näherin, und Mikolai, dem Invaliden, meinen Nachbarn, und ich antwortete, so gut es ging, obwohl sich meine Seele zusammenkrampfte, bis sie nicht größer als ein neugeborenes Karnickel war. So sprachen wir über allerlei, bis der Kommandant, der unmittelbar unter dem Porträt saß, auf einmal und wie aus heiterem Himmel fragte: ‚Na, und Ihr selbst, was denkt denn Ihr?'
Da sah ich durch das Fenster, wie der Wasserträger Józek, der wirklich einen Buckel hat, sein Wägelchen mit dem Faß über den Platz schob. Dies konnte ein Zufall sein, vielleicht jedoch hatte der Kommandant ihn dorthin zur Konfrontierung bestellt. Ich gab alles zu."
Wir atmeten erleichtert auf, als ob das Ende der Geschichte, so traurig es auch sein mochte, der Ungewißheit vorzuziehen sei. Wir leerten unsere Gläser. Der Verurteilte stellte sein Glas auf den Tisch zurück und schloß:
„Ich erhielt zwanzig Jahre in den Bergwerken im Norden in N. Ebendorthin begeben wir uns jetzt, der hier anwesende Gendarm Anton und ich."
Er nannte hier den Ort, welcher der Schrecken all derjenigen ist, die Gesetze und Dekrete verletzt haben. Dabei

fiel mir jedoch etwas auf, und ich fragte: „Aber wie denn, meine Herren, der Zug, mit dem Sie reisen, fährt ja in die entgegengesetzte Richtung."

Der Gendarm und der Strafgefangene seufzten tief. „Das ist eine andere Sache", sagte der Gendarm. „Heute sind es genau fünfzehn Jahre her, daß wir abgereist sind, aber auf Grund verschiedener Ursachen ist der Zug, dessen Nummer in meinem Marschbefehl eingetragen steht, bis heute nicht an seinem Bestimmungsort angelangt."

„Um welche Ursachen handelt es sich?" fragte ich.

„Ursachen, die letzten Endes von der Macht und Weite unseres Landes zeugen", rief er streng und streckte den Zeigefinger in die Höhe. „Dies darf man dabei nicht vergessen. Aber manchmal betrinkt sich ein Lokomotivführer, irgendwo wird ein Stück Geleise gestohlen. Und der Zug fährt, fährt und fährt. Und manchmal, wenn er drei Monate lang oder ein halbes Jahr keine Einfahrt hat, ja, dann fühlt man, wie unser unsterbliches Mütterchen Sehnsucht alles umhüllt und an sein Herz drückt."

Der Gendarm summte leise ein wildes, langsames Lied, das voll von Heimweh und Fernweh war. Er unterbrach sich jedoch und fügte mit einer Trauer, die ihn uns näher brachte, ja beinahe herzlich erscheinen ließ, hinzu: „Wenn nur Emser Pastillen an den Bahnhofsbüfetts nicht so schwer zu bekommen wären. Vor zehn Jahren hatte ich noch eine ausgezeichnete Stimme, aber dauernd sitzt man im Durchzug, und dieser Rauhreif im Herbst ..."

„Die Zeit vergeht schnell", sagte ich zum Trost. „Ich kann mich gut erinnern, wie ich noch so klein war, und heute habe ich bereits das Wahlrecht, und die Haare gehen mir aus."

Da ertönte auf dem Bahnsteig dreimal das Signal eines Glöckchens, und gleich darauf begann die Lokomotive zu

ächzen. Meine Tischgenossen hoben den Kopf, als sei an sie ein nur ihnen bekannter mächtiger Ruf ergangen.
„Es ist Zeit“, sagte der Gendarm.
„Zeit“, wiederholte wie ein Echo sein Reisegefährte.
Schweigend verabschiedeten wir uns, indem wir uns der alten Sitte gemäß dreimal umarmten.
Als ich auf den Bahnsteig kam, verloren sich das Stampfen der eisernen Räder und der Pfiff der Maschine bereits in der Ferne. Immer noch nieselte es, die Laternen tränten wie zuvor, und eine lautlose Stille breitete sich aus. Da dachte ich mir, es sei am besten, einzuspannen und nach Hause zu fahren.

WIE ICH KÄMPFTE

Als ich am Morgen wegging, um Milch zu holen, sah ich, daß auf der Straße vor meinem Haus eine Barrikade stand. Man mußte sie erst vor kurzem errichtet haben, denn als ich gegen vier Uhr aufgestanden war, hatte ich noch nichts gesehen. „Was für eine Überraschung!“ dachte ich mir. „Am besten, man geht überhaupt nicht mehr zu Bett.“
Die Barrikade bestand, wie üblich, aus sehr verschiedenen Gegenständen. Ihr Zentrum bildete ein riesiger Schrank aus Akazienholz, der mit einem Bogen Panzerblech bedeckt war. Die gewöhnlich auf dem Schrank zur Reifung ausgelegten Tomaten lagen da und dort verstreut herum. Als ich herantrat, herrschte unter den Männern, die den kriegerischen Bau aufführten, gerade Streit.
„Zum Teufel!“ fluchte ein großer, sonnenverbrannter Kerl, der mir nach dem Anführer aussah. „Sag endlich klar, ob du für die Sache sterben willst oder nicht.“

Der Angesprochene, ein kleines, auf eine lange Flinte gestütztes Männchen, bohrte, offensichtlich um Zeit zu gewinnen, mit einem Streichholz in den Zähnen.

„Wenn du nicht willst, zwingt dich niemand dazu“, schrie der Große. „Wie man sich bettet, so liegt man.“

„Schön!“ erklärte der Kleine friedfertig. „Wo soll ich mich aufstellen?“

Der Anführer wies ihm einen Platz zu. Mich ergriff Eifersucht. Schon seit langem fühlte ich mich als Revolutionär. Immer schon habe ich aufbegehrt gegen das Grau, gegen den Rhythmus eines ausweglosen Alltagslebens. Jeden Morgen Milch holen, dann die Milch sauer werden lassen und dieses ewige Ausspülen der Töpfe! Ich wollte kämpfen. Übrigens hatte ich damals keine Stellung.

„Ich möchte auch kämpfen“, wandte ich mich an den Kommandanten. „Auf Leben und Tod“, fügte ich bedeutsam hinzu.

Der Kommandant maß mich mit einem Blick. „Intelligenzler?“ fragte er kurz.

„Jawohl! Aber man kann nicht behaupten, daß ich viel läse“, antwortete ich.

„Wir können auch Vertreter der Intelligenz gebrauchen“, unterbrach mich der Kommandant. „Legt Euch hierhin!“ Er zeigte mir einen Platz auf der Barrikade. „Ihr könnt zwar nicht schießen, aber Ihr habt einen harten Schädel, in dem die Kugeln der Häscher kraftlos steckenbleiben. Aber habt keine Angst, die können nicht viel Pulver auflegen. Das Pulver stehlen die Lieferanten und Offiziere. Auch Euer Milchhäfchen könnt Ihr hier lassen.“

In Ausführung des Befehls legte ich mich an den angewiesenen Platz hinter der Barrikade. Rechts von mir ragten die Schranktüren in die Höhe. Mit den Beinen stieß ich an einen ausgestopften Bären. Es versprach ein sehr schöner Tag zu werden.

Auf der Barrikade herrschte noch immer Bewegung. Zufrieden, weil mir bereits eine Aufgabe zugewiesen war, betrachtete ich meine Kampfgefährten der Reihe nach und beobachtete dann die umliegenden Häuser. Auf der rechten Seite hing aus einem Fenster im zweiten Stock eine weiße Fahne. Die vom Kommandanten dorthin entsandte Patrouille kam mit der Meldung, ein Farbenblinder habe die Flagge gehißt. Sofort wurde eine Untersuchung eingeleitet.

Die Sonne stieg immer höher. Aus dem Tor trat mein Bekannter, der Hausmeister. Ich winkte ihm heimlich zu. Der Hausmeister sah ernst und besorgt drein. Ich wollte ihn nach oben um ein Kissen schicken, denn die Kante des Schrankes drückte mich gegen den Kopf. Aus Furcht vor der Führung, die dies vielleicht nicht gerne sehen würde, überlegte ich es mir im letzten Augenblick anders und fragte ihn nur, was er von all dem halte.

„Erstklassig!“ sagte der Hausmeister vorsichtig. Nach einem Augenblick fügte er hinzu: „Wer wird dies nachher alles aufräumen?“

Jetzt kam ein Fuhrwerk mit Gemüse, das in die Stadtmitte zum Markt wollte. Ich sah, wie der Kommandant kurz mit dem Bauern sprach. Dieser blieb sofort stehen, und gleich darauf verstärkten die Körbe mit Kartoffeln, Kohl, Rüben und Kohlrabi unsere Barrikade. Sie wurde dadurch um gut eine halbe Elle höher.

Kaum waren wir mit der Einordnung des Gemüses fertig, da bog ein Umzug um die Ecke, eine Kinderschule, an deren Spitze die Erzieherin ging. Jedes Kind trug eine Puppe, einen Teddybären oder eine hölzerne Ente. Sie stellten sich in Zweierreihen auf und zählten ab. Dann salutierte die Erzieherin und meldete dem Kommandanten, die Kinderschule wolle am gemeinsamen Kampf teilnehmen und unsere Barrikade durch die mitgebrachten Spielsachen stärken. Der Kommandant nahm die Meldung entgegen, schritt die Front der Kinderschüler ab und fragte sie, ob sie die Nahkampfregeln schon durchgenommen hätten. Dann marschierte die Abteilung ab, wobei die Kleinen kräftig mit den Füßen aufstampften. Mit den Puppen und Teddybären wurde unser rechter Flügel ausgebaut.

„Sie sollen es bloß probieren!" rief mir ein alter Krieger im Gedanken an den Feind zu und blies drohend seinen Schnurrbart auf. „Steht auf, helft mit, den Schrank verschieben!"

Der Schrank war über Erwarten schwer. Als wir fertig waren, drehte sich der Alte eine Zigarette und bot auch mir eine an. Wir mußten sie aber sofort wieder ausmachen, weil gerade jetzt die Pergamente aus dem Archiv und dem historischen Museum und kurz darauf die Bücher aus der Akademie der Wissenschaften gebracht wurden. Der damit ausgebaute linke Flügel schien jetzt uneinnehmbar zu sein. Der Feind konnte in jedem Augenblick kommen.

Es war noch nicht neun Uhr, und schon reichte unsere Barrikade bis zum ersten Stock. Alle Augenblicke kamen neue Transporte mit Baumaterial. Mit Matratzen aus dem benachbarten Krankenhaus bauten wir auf der Feindseite eine großartige Brustwehr. Ich lag jetzt beinahe bequem und hatte eine immer weitere Aussicht. Der Kommandant schien sehr zufrieden zu sein. Auf einem seiner Rundgänge blieb er bei mir stehen.

„In Ordnung!" sagte er, als er meine Position geprüft hatte. „Diese Barbaren sind imstande, auf Euch zu schießen."

„Kanaillen!" antwortete ich voll Überzeugung

„Die Halunken!“ fügte der Kommandant hinzu, und ich fühlte, wie mich die Wärme der Waffenbrüderschaft einhüllte. „Denen ist alles zuzutrauen.“

Er kehrte zu seinen Pflichten zurück. Ich aber war so stolz, daß ich den Gedanken an das Kissen endgültig als unwürdig verwarf. Die Matratzen aus dem Krankenhaus waren übrigens auch nicht schlecht.

Das Aussehen der Barrikade wurde immer vielförmiger. Der Verband der Invaliden hatte seine Prothesen geschickt. Da sie im Mittelpunkt zwischen Säcken mit Grieß aufgebaut wurden, sahen sie sehr imponierend aus. Ich legte mich auf den Rücken und blickte in den Himmel. Seit einiger Zeit schon hatte ich niemand mehr, mit dem ich reden konnte, denn der Alte war mit einem Teil der Mannschaft weggegangen, um Bettzeug zu requirieren. Kurz darauf wurde unser stattlicher Berg, auf den wir immer stolzer waren, auch noch durch einen Wall von Federbetten und Steppdecken erhöht. Mein Sektor erhielt leider Nähmaschinen zugeteilt, die mich, wie ich zugeben muß, unbarmherzig drückten. Ich sagte mir jedoch, daß es sich hierbei um eine strategische Notwendigkeit handle. Nehmen wir an, so dachte ich, der Feind stürmt gerade gegen meinen Abschnitt vor und erwartet, daß er dort auf Bettzeug stößt. Aber zu seiner Überraschung wird ihm hier der Weg von Nähmaschinen versperrt. Welche Verwirrung erwartet da seine Generale und schließlich welche Niederlage!

Den letzten Meldungen zufolge sollte der Feind gegen Mittag kommen. Ich langweilte mich nicht, denn von meinem Posten aus – wie erwähnt, lag ich ganz oben – konnte ich in die Wohnungen des dritten Stocks sehen. Der zunehmenden Hitze wegen standen die Fenster offen. In jedem Raum fehlte bereits etwas. In Nummer 16, in dem

Zimmer gleich neben der Dachrinne, spielten zwei Einarmige Schach und lagen dabei auf dem Boden. Die ganze Einrichtung war schon lange auf unsere Barrikade getragen worden. Einer der Spieler, sicher ein geheimer Anhänger des Feindes, steckte mir die Zunge heraus. Ich meldete dies dem alten Krieger, der sofort eine Patrouille dorthin schickte. Das Schachspiel wurde auf die Barrikade geworfen, und mit Genugtuung sah ich, wie die Einarmigen jetzt nicht wußten, was sie anfangen sollten. Sie versuchten, Fliegen zu fangen, oder spielten ungeschickt Verstecken.

Wie weit mein Blick schon reichte! Vor mir lag die Straße, die auf einer kleinen, mit Bänken bestandenen Anlage endete, von wo der Feind kommen sollte. Rechts und links von mir waren die Dachrinnen, aus denen ich, welch ein erhebendes Gefühl der Freiheit, Stücke von Dachziegeln, Schlamm, ja sogar einen toten Sperling herausholen konnte. Weiter lagen Dächer und Kamine, die blechernen Mißgeburten von Ventilatoren, die sich im Winde drehten, Antennen und noch ferner die Hauben der Kirchtürme. Wenn ich hinter mich blickte, sah ich unterhalb des riesigen steilen Abhangs, des Geröllfeldes von Gegenständen, das Gewühl eines Ameisenhaufens, nicht endenwollende Reihen von Bürgern, die alles, worüber die Stadt verfügte, der Barrikade entgegentrugen, fuhren, schoben oder zogen, Möbel und Blumen, Sand und Lampen, die Teile eines Karussells, Eisen, Pappe, Lack, Einmachgläser, Bänder, Photographien, Wäsche und Grammophonplatten. Das Herz konnte einem aufgehen bei diesem Anblick, und fast mußte man wünschen, der Feind möge endlich kommen, um an unserer mächtigen Barrikade zuschanden zu werden. Manchmal plagte mich der Gedanke, der Feind werde sich gar nicht zeigen, aber ich hütete mich, davon zu sprechen, um nicht wegen Defaitismus bestraft zu werden. Vielleicht kam ich auf solche Gedanken unter dem Einfluß des Hungers, der sich erst zag, dann aber immer ungestümer meldete. Manchmal versuchte ich mir auch vorzustellen, wo sich jetzt mein Milchhäfchen befinden könnte. Mich tröstete der Gedanke, der Plan der Führung habe ihm genau den Ort zugewiesen, wo es bis zum Ende am wirksamsten seine Dienste leisten könne.

Die Nachmittagssonne, der unaufhörliche, wenn auch entfernte Lärm aus der Tiefe der Straße, all dies ermüdete mich auf meinem vorgeschobenen Posten und bewirkte, daß ich gelegentlich in einen Halbschlaf versank. Mir schien, als sei die Schlacht schon beendet und als stehe mein Milchhäfchen in Reih und Glied und werde für seine tapfere Mitwirkung durch einen Orden ausgezeichnet, der nunmehr leuchtend an seiner blauen Emaillebrust hing. Dann wieder sah ich es auf dem Gasherd stehen, und die schneeweiße Milch in seinem Innern erwärmte sich langsam und duftete. Schmerzhafte Schläge an Ohr und Nase weckten mich. Überzeugt, der Feind sei schon eingetroffen, sprang ich auf. Aber es waren nur die Einarmigen, die durch ein Glasröhrchen Erbsen auf mich bliesen. Der alte Krieger war nicht zu sehen, aber im Grunde freute es mich, daß sogar die aus Bosheit und Rachedurst auf mich abgeschossenen Erbsen zur Stärkung unserer Barrikade beitrugen.

Ich wünschte sehr, der Feind käme noch vor 17 Uhr oder zumindest 17 Uhr 30. Inzwischen stellte es sich heraus, warum der Schrank so schwer war. Ein alter Mann hatte sich in ihm versteckt, weil er sich nicht am Bau der Barrikade beteiligen wollte. Er erklärte, daß er bereits an drei Kriegen teilgenommen habe und daß ihm die Füße weh täten. Auch mir war nicht recht wohl, weil ich den ganzen Tag in der prallen Sonne gelegen hatte.

Dann hörte ich, wie sich hinter mir der Mann mit der langen Flinte aufregte.
„Da komme ich nicht mehr mit!“ rief er. „Ihr habt mir versprochen, daß ich für die Sache sterben werde. Es ist allmählich höchste Zeit, schaut nur auf die Uhr. Ihr müßt selbst zugeben, daß dies eine Unpünktlichkeit sondergleichen ist.“
„Seid doch nicht so ungeduldig“, tröstete ihn der Alte. „Ihr wollt alles auf einmal haben. Schaut mich an! Ich bin ein alter Krieger, und immer noch ist es mir nicht gelungen. Und außerdem ist dies nicht meine Schuld, sondern die des Feindes.“
„Das geht mich gar nichts an“, maulte der mit der Flinte wie ein kleines Kind.
Da trat der Kommandant auf sie zu und fragte streng: „Was ist hier los? Wollt Ihr mir nicht glauben? Ich gebe Euch mein Wort, daß der Feind noch kommt, und wenn ich die Barrikade selbst stürmen müßte. Zu den Waffen!“
„In Ordnung, wenn es sich so verhält“, murmelte der Unzufriedene.
Dann kam der Alte zu mir: „Ich habe Kopfweh“, sagte er mißmutig. „Wißt Ihr nicht, wo die Tabletten gegen Kopfschmerzen sind?“
„Die Tabletten müssen irgendwo bei den Nähmaschinen sein“, erinnerte ich mich. „Ungefähr im zweiten Stockwerk unter den Betonmischmaschinen.“
Der Verkehr hinter der Barrikade hatte fast aufgehört. Nur noch selten wurden Gegenstände abgeliefert, die man anfangs verschmäht hatte, Radierungen, Mumien, Färbemittel und dergleichen. Ich hatte Durst.
Schon näherte sich die Dämmerung. Die Stadt würde ohne

Licht bleiben. Die Glühbirnen befanden sich, soviel ich wußte, irgendwo im Zentrum der Barrikade.

Es war schon völlig dunkel, als ich auf Händen und Füßen, an allen vorspringenden Gegenständen Halt suchend, vorsichtig hinunterkletterte. Plötzlich sah ich mich dem Alten gegenüber, der irgendetwas herauszupuhlen versuchte, was zwischen den Betonmaschinen und den Nähmaschinen steckte. Wir sagten kein Wort zueinander. Weiter unten sah ich den Kommandanten, der Hüte aufprobierte.

Ich mußte lange suchen. Ich watete, sprang und robbte herum. Manchmal kroch ich tief in die Barrikade hinein; wo die einzelnen Schichten nicht allzu eng aufeinandersaßen, versuchte ich mich durchzuschlängeln. Dann wieder sprang ich auf der Außenseite von Vorsprung zu Vorsprung und versuchte, Porzellan von Bakelit, Leinen von Wolle, Weiden- von Schilfgeflecht, Kupfer von Eisen durch Geschmack, Gefühl und Geruch von einander zu unterscheiden. Ich kam an Tausenden von Oberflächen und Gerüchen, Rauheiten und Formen vorbei, bis endlich im Lichte des aufgehenden Mondes die wohlbekannte blaue Emaille glänzte.

Ich riß daran mit aller Kraft. Zuerst hörte ich irgendwo im Innern ein Gepolter und dann ein zischendes Geräusch, etwa wie von Sand, wenn er in großen Mengen von einer Düne hinunterrollt.

Mit meinem Milchhäfchen floh ich so schnell ich konnte in eine Seitengasse. Hinter mir brach die Barrikade zusammen.

SCHACH

Der Tag war trüb. Mir war das gleichgültig, aber der Kollege, den ich traf, sah deshalb sehr traurig aus.
„Seit kurzem leide ich unter Rheuma. Daraus würde ich mir nicht viel machen. Aber jetzt habe ich mich auch erkältet. Es fehlt nur noch, daß ich heute naß werde. Eine Grippe steckt mir ohnehin in den Knochen."
Ich antworte, daß er ja nicht naß zu werden brauche. Er könne doch den Regen unter einem Dach abwarten. Dächer gäbe es, Gott sei Dank, schließlich genug bei uns.
„Du hast leicht reden. Du bist ja nicht verpflichtet, dich draußen aufzuhalten. Aber ich arbeite Tag für Tag unter freiem Himmel. Von etwas muß man ja leben."
Ich frage ihn, wo er zur Zeit arbeite. Wir kannten uns seit langem. Zusammen waren wir früher im Theater als Statisten aufgetreten. Wir hatten uns, je nach Gelegenheit, in ausgefallenen Berufen versucht, waren Besorger, Leibwächter, Halbtagsaufpasser, Haftabsitzer, Tischgenossen gewesen, wenn der Hausherr die Unglückszahl dreizehn vermeiden wollte, hatten uns als Sondertröster, Gelegenheitsweltmänner oder Dauergäste anstellen lassen.
Er erklärte mir, daß er jetzt eine verhältnismäßig leichte Arbeit gefunden habe, mit der er durchaus zufrieden wäre, wenn er nicht von Kind an so außerordentlich unter plötzlichen Witterungsumschlägen gelitten hätte.
„Weißt du, was lebende Schachspiele sind? Dasselbe wie gewöhnliche, nur daß sie nicht auf einem normalen Schachbrett stattfinden, sondern auf einem großen, unmittelbar auf den Boden irgendeines Platzes aufgezeichneten Spiel-

feld. Statt der leblosen kleinen Schachfiguren verwendet man kostümierte Menschen. Die Spieler müssen natürlich, damit sie das Feld überblicken können, an den entgegengesetzten Seiten des Schachbrettes auf Tribünen sitzen. Ihres pittoresken Reizes wegen werden lebende Schachspiele als Volksbelustigungen an Festtagen unter freiem Himmel veranstaltet. Die Leute sehen sich gerne Wettkämpfe an. Aber wie viele Personen können bequem den Verlauf eines Spiels auf einem kleinen Schachbrett verfolgen? Drei, höchstens fünf, und diese Kiebitze stören auch noch die Spieler. Lebenden Schachspielen jedoch kann eine beliebige Anzahl von Personen zusehen, während die Spieler, gesondert von der Menge, ohne Störung den Problemen des Sieges nachsinnen können. Wenn wir zudem noch an die malerischen Kostüme denken, werden wir verstehen, warum diese Art von Spiele so beliebt sind. Außerdem sind sie beliebt in Klubs, vorausgesetzt, daß diese über ein entsprechendes Gelände verfügen.

Zu einem solchen Gelände gehören natürlich auch die erforderlichen Requisiten und das nötige Personal. Sechzehn Leute auf der weißen, sechzehn auf der schwarzen Seite und dazu noch ein paar Ersatzspieler – weil die Menschen ja bekanntlich ihre Schwächen haben. Freiwillige taugen dafür nicht. Schon nach einer Viertelstunde hört für sie das Vergnügen auf, um dessentwillen sie sich zur Mitwirkung bereitgefunden haben. Sie ermüden rasch, werden ungeduldig, machen sich aus irgendeinem Grunde aus dem Staub – Todesfall in der Familie, nichtausgeschaltetes Bügeleisen zu Hause, angebliche Kopfschmerzen – und verderben auf diese Weise die vielleicht höchst interessant entwickelte Partie. Deshalb sind angestellte Akteure erforderlich. Nur diejenigen, denen von vornherein die ganze Angelegenheit gleichgültig ist, erlahmen nicht und halten bis zum Schluß ohne Euphorie oder Depression durch. Sie werden für ihre Tätigkeit bezahlt und gewährleisten als Berufsspieler das ihrer Figur entsprechende Niveau.

Die Arbeit ist verhältnismäßig leicht, das heißt, ihre Beschwerlichkeit hängt von diversen und wechselnden Umständen ab. Im Sommer bei sonnigem Wetter ist sie sogar recht angenehm, obwohl natürlich auch Hitzschläge vorkommen. Im Herbstnebel dagegen kann man sich leicht einen Katarrh zuziehen oder der Melancholie verfallen. Am schlimmsten jedoch ist es im Winter. Wir haben schon Partien erlebt, bei denen man wegen eines Schneesturms höchstens zwei Felder weit sehen konnte und dauernd aufpassen mußte, daß man nicht seine eigene statt einer gegnerischen Figur schlug. Im Augenblick haben wir ja noch Sommer, nur, daß das Wetter zu wünschen übrig läßt. Ich würde mich nicht beklagen, wenn nicht diese Regenwolken wären und ich nicht so empfindliche Mandeln hätte. Gehe ich heute nicht zur Arbeit, so droht mir die Entlassung. Ich bin als Läufer tätig. Ungeachtet des Neides meines Kollegen, habe ich diese Stellung nach langen Bemühungen erhalten. Vertritt mich, bitte, nur diesen einen Tag! Morgen wird das Wetter vielleicht wieder besser sein. Der ganze Tageslohn gehört dir. Die Läufer werden nicht schlecht bezahlt, weil sie besonders viel zu rennen haben. Übrigens werden alle nach ihrem Rang entlohnt. Im Spätsommer werde ich vielleicht König."

„Ich kann nicht", antwortete ich, „denn mir ist immer unwohl, wenn die Menge mich begafft. Erinnerst du dich, schon damals im Theater hatte ich Schwierigkeiten. Durch die Blicke des Publikums fühle ich mich gehemmt, und als Reaktion darauf benehme ich mich zwangsläufig allzu frei.

Außerdem habe ich dann immer den Eindruck, daß es Unrecht wäre, dem Publikum etwas vorzuenthalten, wenn es schon einmal gekommen ist, um mich zu sehen. Ich wurde doch damals vom Theater entlassen, nachdem ich während einer Premiere unter dem Einfluß so vieler Blicke dem Publikum mein Furunkel gezeigt hatte. Du hast ja selbst erklärt, das lebende Schach sei auch ein Schauspiel."

„Darüber brauchst du dir keine Gedanken zu machen", versicherte mein Freund. „In diesem Fall handelt es sich nicht um ein Schauspiel. Ich arbeite für zwei alte Herren, denen der Arzt Bewegung in der frischen Luft empfohlen hat. Sie haben daraufhin das häusliche Schach aufgegeben und sich dem lebenden zugewandt. Es ist ein Privatspiel. Vom Personal abgesehen, wirst du dort niemanden treffen. Es gibt keinen einzigen Zuschauer."

Daraufhin überlegte ich mir die Sache. Ich hatte an diesem Tag nichts zu tun, und warum sollte ich ablehnen, wenn ich einem Freund eine Gefälligkeit erweisen und dabei auch noch etwas verdienen konnte.

„Abgemacht!" sagte ich. „Aber werde ich mich in dem Spiel denn zurechtfinden?"

„Die ganze Sache ist höchst einfach, und die unbedingt erforderlichen Anweisungen erteilt dir der Springer. Ich bin bei den Weißen. Wir stehen nebeneinander auf der linken Seite. Ehe sich das Spiel entwickelt und uns trennt, können wir uns immer etwas unterhalten."

„Gut, ich gehe."

„Fein! Ich lege mich ins Bett!"

Wir verabschiedeten uns.

Das Spiel fand auf dem von allen Seiten durch zweistöckige Säulengänge abgeschlossenen Innenhof eines alten Palastes statt. Ich gelangte auf den Hof durch ein Tor von

solchem Ausmaß, daß es wie ein Korridor, ja beinah wie ein Tunnel wirkte. Das bleierne Rechteck des Himmels war der Deckel für diese riesige Schachtel, die so geräumig war, daß das mitten auf ihrem Boden befindliche Spielfeld trotz seiner Größe recht bescheiden schien. Wilder Wein verschwamm da und dort an den Mauern in unregelmäßigen Formen zu senkrechten Seen. Diese dunkelgrünen Flecken verdeckten einen Teil der Säulengänge. Vielleicht war aus diesem Grund der ganze Hof in ein smaragdenes Dämmerlicht getaucht, dessen Intensität je nach der Dichte der Wolken und Nebelfetzen wechselte. Mitten auf dem Hof sah ich Figuren herumlaufen, die mir merkwürdig klein vorkamen, da wir doch daran gewöhnt sind, daß uns Gestalten in Innenräumen wegen der beschränkten Entfernung immer ziemlich groß erscheinen. Hier jedoch befand ich mich unter freiem Himmel und gleichzeitig in einem Innenraum, so als ob es einem geschickten Architekten gelungen wäre, das Unbegrenzte mit dem Abgeschlossenen zu verbinden.
Dabei waren einige dieser Figuren durch ihre Kostüme übernatürlich groß. Während die Bauern ungefähr die Statur eines normalen Menschen hatten, waren die Läufer, Türme und Springer riesengroß. Die unter phantastischen Konstruktionen hervorschauenden Füße allerdings steckten in gewöhnlichem, abgetragenem Schuhwerk. Darüber aber sah man bei den Springern Pferdenacken, Mäuler mit gebleckten Zähnen, von denen jeder die Größe einer Kachel hatte, strenge geometrische Muster von Mauern und Schießscharten an den Türmen, die konzentrischen, tellerartigen Krausen der Läufer.
Unwillkürlich blieb ich eingeschüchtert am Rande des Hofes stehen, am Ausgang jenes dunklen Flurs, in dem das kleinste Geräusch ein bedrohliches Echo hervorrief

und der mir jetzt dennoch als vertraut und behaglich vorkam. Auf einmal ragte vor mir der schwarze Turm in die Höhe.
„Zutritt verboten!“ sagte eine Stimme aus seinem Innern. Aus nächster Nähe erblickte ich mit weißer Farbe aufgetragene lange waagerechte und kurze senkrechte Striche, die die Verbindung der Ziegel bezeichnen sollten. Unwillkürlich sah ich nach oben, zur Brustwehr hinauf, obwohl mir klar war, daß sich der Kopf des Sprechers mehr oder weniger in der Höhe des meinen befinden mußte.
Höflich erklärte ich, daß ich kein zufälliger Zuschauer sei, sondern in Vertretung eines erkrankten Kollegen komme. Der Turm blickte schweigend auf mich herab; dann ertönte aus seinem Innern ein Geräusch, als ob jemand ausspuckte, und schließlich entfernte er sich, wobei der Kies unter seinen dickgesohlten Stiefeletten knirschte. Ich aber betrat den Hof.
Auf dem linken Flügel der Weißen erblickte ich den Springer, den mir mein Freund empfohlen hatte. Als ich ihn ansprach, wandte er mir schwerfällig seinen massiven Brustkasten aus Pappmaché und seine in malerischer Gesträubtheit erstarrte Mähne zu, so daß seine geblähten Nüstern direkt über meinem Kopf sichtbar wurden.
„Gut!“ sagte er. „Ich helfe dir beim Umziehen. Hast du eine Zigarette? Während der Arbeit ist das Rauchen verboten, aber vor Spielbeginn kann man es noch riskieren. Man muß nur dafür sorgen, daß der Rauch nicht in die Höhe steigt, sonst sehen es die Alten, und man bekommt einen Anpfiff. Am besten, man bläst sich den Rauch unter die Hose, damit er durchs Hosenbein hinauszieht. Dann merkt es keiner. Solche Dinge mußt du noch lernen.“
Unter Anleitung des Springers schlüpfte ich in die Hülle des Läufers. Im Innern war es stickig und dunkel. Durch

die für die Augen angebrachten Öffnungen sah ich den Rand meiner Krause und einen Teil des in grünlichem Dämmer versinkenden Innenhofs.
„Ja, mein Lieber", sagte das Pferd. „Hier muß man sich auskennen. Wie gesagt, jetzt kann man noch rauchen, wenn man vorsichtig dabei ist, und man kann auch heimlich seine Butterschnitten aus dem Papier essen, nur darf man es nicht auf den Boden werfen. Aber nachher wird es schlimmer."
Rechts von mir stand die Dame. Unwillkürlich sah ich auf die Beine der Königin. Ich sah ausgefranste Hosenaufschläge und alte Schuhe mit rissigem Oberleder. Daneben zeichneten sich die majestätischen Konturen des Königs ab. Er trug Turnschuhe.
„Als König zahlen sie einem am besten", erzählte mir der Springer. „Er wiegt auch am meisten. Trotzdem spielt ihn ein alter Tatterich, denn wenn die Figur auch schwer ist, so braucht er doch nicht viel zu laufen, und das ist alten Leuten am wichtigsten. Die paar Groschen kann der Alte schon gebrauchen. Wenn du merkst, daß er an der Reihe ist und sich nicht rührt, dann klopf ihm auf die Wand, falls du in der Nähe bist. So haben wir es mit ihm abgemacht, weil er oft im Stehen einschläft."
Über der Schlachtreihe der Schwarzen, die sich jetzt aufstellten, sah ich die Säulengänge. Die feuchtigkeitsgesättigte Luft nahm fast jede Sicht, der trübe Himmel löschte alles aus, und die breite Dachtraufe schob die Wände in den Schatten. So wirkten die Säulenbögen und Balustraden, die da und dort hinter den Flecken des wilden Weins verschwanden, als seien sie mit flattrigen Nebelstrichen auf eine Ebene gezeichnet.
„Aha!" sagte ein Bauer neben mir. „Der rechte Läufer der Schwarzen hat schon wieder einen sitzen."

„Der sollte sich besser in acht nehmen“, bemerkte der Springer. „Als Läufer muß man in schnurgerader Richtung ziehen. Es ist etwas ganz anderes, wenn man als Pferd arbeitet. Wenn du da ein bißchen schwankst, merkt es keiner, weil sich der Springer ja nie geradeaus bewegt.“

„Achtung, es geht los!“ warnte uns ein Bauer.

Ich hatte früher nicht schlecht Schach gespielt, aber es bedurfte keiner großen Sachkenntnis, um zu merken, welch geringes Niveau das Spiel hatte, in das ich durch Zufall hineingeraten war. Vor allem mußten wir von einem Zug auf den anderen solange warten, daß wir uns fragten, ob die Spieler nicht eingeschlafen oder bereits fortgegangen seien und nur vergessen hätten, uns davon zu benachrichtigen. In den Säulengängen versteckt, sannen sie über jeden Zug endlos nach, und uns wurden die Beine steif. Die Frucht ihres Nachdenkens waren unsystematische und jämmerliche Unternehmungen, die weder auf der einen noch auf der anderen Seite irgendeine Planung verrieten.

Ebenso wie die anderen Figuren wurde auch ich ziemlich sinnlos hin- und hergeschickt, was mich schließlich etwas beunruhigte.

„Was ist denn mit denen los?“ fragte ich leise den Springer, als ich wieder einmal neben ihm stand.

„Verkalkung!“ flüsterte er zurück. „Vor einiger Zeit waren sie noch in der Lage, in fünf oder sechs Stunden fertig zu werden, inzwischen hat sich ihr Zustand anscheinend verschlimmert.“

„Welcher ist denn der bessere?“

„Sie spielen beide gleich schlecht. Deshalb geht es ja so zäh. Es kommt sogar vor, daß sie, wenn die Dunkelheit eintritt, noch immer nicht zu Rande gekommen sind. Dann lassen sie uns die Nacht über stehen und spielen erst am nächsten Morgen weiter. Hoffentlich passiert heute nicht das gleiche. Sie kommen gar nicht voran, und das Wetter ist höchst unbeständig.

Wir zogen auf dem Schachbrett herum, nahmen immer wieder neue Felder ein, und bei all dem wurden lediglich ein paar Bauern geschlagen. Neidvoll schauten wir ihnen nach, als sie abzogen. Inzwischen begann es zu regnen, anfangs nur schwach. Das sah nach einem Landregen aus. Er fängt ganz bedächtig an, weil er ein paar Tage anhalten kann. Deshalb hat er Zeit und kommt erst allmählich in Schwung. Vorläufig schützte mich noch mein Pappkostüm. Aber um meine Füße – ich trug leichte Halbschuhe – machte ich mir Sorgen.

„Siehst du den Turm mit seinen Stiefeletten?“ sagte der Springer. „Vor dem mußt du dich in acht nehmen. Der tritt einen beim Schlagen vors Schienbein, und außerdem zeigt er einen sofort an, wenn man sich für einen Augenblick hinhockt, weil einem die Beine weh tun. Das ist ein Fanatiker. Hoffentlich verlieren die Schwarzen nicht. Dann ist es am Schlimmsten. Dann weint er sogar manchmal vor Wut.“

„Aber es ist doch nicht sein Schachspiel?“

„Das nicht, aber er nimmt es sich trotzdem zu Herzen.“

Jetzt tröpfelte mir das Wasser schon in den Kragen. Die Pappkuppel, die ich auf dem Kopfe trug, war an einer Stelle aufgeweicht und ließ den Regen durch. Die Tropfen waren unangenehm kalt.

Die Pausen zwischen den einzelnen Zügen wurden immer länger. Offensichtlich fiel es den Spielern immer schwerer, sich zurechtzufinden. Die hochoben an den Dachrinnen angebrachten Wasserspeier begannen, erst schüchtern, dann immer lauter zu singen. Der Regen wurde stärker. Auf dem Hintergrund des allgemeinen Rauschens zeichnete sich das Plätschern einzelner Tropfen ab, die aus verschiedenen Höhen herabfielen. Der schwarze Läufer, dessen alkoholische Hochstimmung inzwischen verflogen war, schien am Ende seiner Kräfte zu sein und schwankte traurig, zwei Felder von mir entfernt, hin und her. Den Springer hatten sie wieder von meiner Seite entfernt.

Ich wurde allmählich ärgerlich. Die anderen, alte Schachakteure, hatten sich an solche Unbequemlichkeiten wohl längst gewöhnt. Aber ich hatte nasse Füße und konnte mich damit nicht abfinden, und es sah gar nicht so aus, als ob das planlose Spiel je ein Ende finden würde.

„Vielleicht schlägt mich einer?" dachte ich mir. „Dann könnte ich nach Hause gehen. Aber mit einem solchen Glücksfall ist hier nicht zu rechnen. Was soll ich tun? Abwarten? Und wenn sie uns die Nacht über stehen lassen? Der Springer hat ja gesagt, daß das vorkommt."

Ich sah so viele Möglichkeiten, mit dem Spiel voranzukommen, aber sie wurden nicht wahrgenommen. Beide Spieler ließen die schönsten Chancen ungenutzt. Der Gedanke, daß ich mir durch ihre Unfähigkeit eine Lungenentzündung zuziehen könne, machte mich noch wütender. Da ich diesen Zustand nicht länger ertrug, beschloß ich, die Entscheidung auf eigene Faust zu erzwingen.

Eine kleine Mogelei, eine eigenmächtige Veränderung meiner Stellung um ein oder zwei Felder würde sicherlich gelingen. Ringsum herrschte eine allgemeine Apathie. Die mit sich selbst beschäftigten Sklerotiker würden sicherlich nichts merken. Ganz langsam, mein Gewicht bald auf die Fersen, bald auf die Zehen verlagernd, schob ich mich in der Diagonale auf das nächste Quadrat. Wenn ich nur nicht übertrieb, den elementaren Anstand wahrte und die Farbe meines Spielfeldes nicht wechselte – bekanntlich steht ein Läufer ja von Anfang bis zum Ende auf ein und derselben Farbe – mußte es glücken.

Der entscheidende Schritt stand mir noch bevor. Nachdem ich mich auf derselben Diagonale befand, wollte ich es wagen, den schwarzen Läufer auf eigene Faust zu schlagen. Ich lief dabei Gefahr, daß es dem Spieler auf der Seite der Schwarzen einfallen könnte, mich mit seinem Läufer zu schlagen, wenn er zwar nicht mein erstes eigenmächtiges Vorgehen, wohl aber meine neue Stellung zu seiner Figur bemerkte. Daran ließ sich nichts ändern. Ich mußte etwas abwarten, da ich mich nicht allzu auffällig auf dem Spielfeld bewegen wollte. Minuten verstrichen, und nichts geschah. Ich zählte bis hundert, setzte alles auf eine Karte, überquerte das uns trennende Quadrat und trat auf den Schwarzen zu. „Sie sind geschlagen, Kollege", sagte ich. „Sie können nach Hause gehen."

Ich hatte gerade ihn zu meinem ersten Opfer gewählt, da er sich, benebelt wie er war, mit dem Lauf der Ereignisse noch weniger befaßte als die anderen. Er schwankte lediglich ein wenig, und unter seinem Kostüm drang ein trokkenes Hüsteln hervor. Er machte aus seiner Freude keinen Hehl.

„Dann zieh ich jetzt Leine", rief er. „Was? Ein Bierchen wird man sich wohl noch genehmigen dürfen!" fügte er überraschend und streitsüchtig hinzu. Aber er wartete keine Antwort ab und verschwand vom Spielfeld. Ich nahm seinen Platz ein, als ob nichts geschehen wäre.

Meine Vermutungen erwiesen sich als richtig. Die allgemeine Langeweile, die Gleichgültigkeit war so groß, daß niemand wußte oder sich Gedanken darüber machte, ob die Schwarzen oder Weißen am Zug waren. Die Spieler selbst waren offensichtlich von Zeit zu Zeit völlig geistesabwesend. Meinen Plänen waren der Regen und das Halbdunkel außerdem sehr förderlich.

Ich wartete jedoch ab, bis ich völlige Gewißheit hatte. Dann beseitigte ich unmittelbar nacheinander zwei Bauern. Sie machten keinen Mucks und verschwanden folgsam vom Spielfeld, wie mir schien, durchaus zufrieden. So handelte ich im eigenen Interesse und erwies gleichzeitig den Kollegen eine Gefälligkeit.

Der Sieg der Weißen, für den ich auf diese Weise arbeitete, ging mich nichts an. Ich wollte lediglich die Entscheidung beschleunigen. Wenn es mir gelänge, den Schwarzen alle Figuren zu nehmen, dann würde es auch der größte Trottel fertigbringen, den nackten König mattzusetzen, dachte ich. Allmählich wurde ich frecher und schlug in immer kürzeren Abständen, wen ich nur erwischen konnte. Lediglich vor dem schwarzen Turm in den festen Stiefeletten nahm ich mich in acht. Ihn ließ ich nicht nur in Frieden, sondern bemühte mich auch, mein Werk in einer möglichst großen Entfernung von ihm zu vollbringen, damit er mich nicht erwischte.

Ich nahm gerade einen der schwarzen Springer aufs Korn, als ich merkte, daß etwas nicht in Ordnung war.

Es stellte sich heraus, daß trotz meiner Bemühungen das Stärkeverhältnis zwischen den beiden Seiten gleich blieb. Auf dem Spielfeld wurde es immer lichter, aber es fielen ebenso viele Weiße wie Schwarze. Sollte der Spieler der Schwarzen aufgewacht sein und sich mit einem, an ihm bisher ungewohnten Eifer an die Arbeit gemacht haben? Aufmerksam begann ich zu beobachten, was um mich herum geschah. Da entdeckte ich, daß der schwarze Turm, der in den Stiefeletten, ebenfalls schummelte.

Jetzt verstand ich auch, warum er mich nicht entlarvt hatte, obwohl ihm meine Schwindelei vermutlich nicht entgangen war. Er selbst hatte kein reines Gewissen. Er machte das gleiche wie ich, freilich aus anderen Motiven –

er war der einzige Chauvinist am Platze. Alle meine Anstrengungen blieben vergeblich. Das Gleichgewicht zwischen den beiden Seiten hatte sich nicht geändert. Die Aussicht auf eine Beendigung des Spiels war nicht größer als zuvor. Der schwarze Turm verfuhr immer unbekümmerter. Ich sah, wie er brutal und ohne auch nur den Schein zu wahren, auf unsere Dame zueilte und mitleidlos mit seiner eigenen beschlagenen Stiefelspitze gegen die armen alten Halbschuhe trat. Ich wollte nicht zurückstehen und liquidierte unverzüglich die schwarze Dame. Es bestand kein Zweifel, daß mich der schwarze Turm durchschaut hatte, aber es war ihm klar, daß auch ich über ihn Bescheid wußte. Er ging einer Begegnung mit mir aus dem Wege, und ich nahm an, daß er mich haßte.

Von den Unsrigen waren, außer mir und dem König natürlich, nur mein Freund, der Springer, und ein paar Bauern auf dem Feld geblieben. Bei den anderen sah es genauso aus.

„Ich will mich da nicht einmischen", sagte der Springer. „Aber ich rate dir, aufzupassen. Ich würde dir gern helfen, wenn ich hier nicht fest angestellt wäre. Werde ich erwischt, fliege ich hinaus. Ich will meine Stellung nicht verlieren. Bei dir ist das etwas anderes. Wenn sie dir hinter die Schliche kommen, kann dir nichts passieren, denn du arbeitest ja für Tagelohn." „Au!" schrie er plötzlich, weil ihn der schwarze Turm, der sich von der Seite herangeschlichen hatte, schlug und dabei aus Gewohnheit vors Schienbein trat. „Servus!" rief er mir noch zu, während er vom Spielfeld ging. Er allein wußte, was hier los war. Leider konnte ich mich von ihm nicht verabschieden, da ich mich sofort auf die Beine machen mußte, um den schwarzen Springer zu beseitigen. Dann kamen noch die Bauern an die Reihe. Mit denen kamen wir rasch und ohne Federlesen zu Rande. Auf dem Schachbrett waren die beiden Könige, der schwarze Turm und ich übriggeblieben. An ein weiteres Mogeln war auf der offenen leeren Fläche nicht mehr zu denken.

Der Regen wurde stärker. Meine Halskrause geriet aus der Fasson und quoll auf; in meinen Schuhen blubberte das Wasser. Die Brustwehren auf dem Turm hingen schlaff herunter, und die Könige ließen Farbe. Das muntere Orchester der Tropfen und Regenschnüre verschwand, wurde aufgesaugt von einem gleichmäßigen Rauschen, das den ganzen Hof erfüllte. Die Spieler machten noch einige primitive Züge und boten einander mit den Königen Schach, was natürlich zu nichts führen konnte. Dann entstand wieder eine Pause, und es ließ sich wirklich nicht mehr feststellen, ob sie überhaupt noch da waren. So standen wir zu viert herum, das Wasser lief an uns herunter, und verzweifelt dachte ich, daß es für dieses Spiel keine Lösung gab. Wie leicht konnte geschehen, wovon der Springer gesprochen hatte, daß sie uns, in der irrigen Annahme, morgen mit der Partie fertig zu werden, die Nacht über stehen ließen. Es wurde dunkler und das Rauschen verstärkte sich.

Aufmerksam beobachtete ich den Turm. Ich war entschlossen, ihn als erster zu treten, sobald er mir zu nahe kommen würde. Aber offensichtlich rechnete er damit, denn er hielt sich abseits. Eine Zeitlang belauerten wir einander regungslos. Schließlich gab er es auf und wandte sich an den weißen König. „Schach!“ sagte er heiser.

Mir wurde es zu bunt.

„Hören Sie mal Kollege!“ sagte ich. „Machen wir uns doch gegenseitig nichts vor. Es ist dunkel und es gießt. Die sind bestimmt schon nach Hause gegangen. Ich habe Verständnis dafür, daß Ihnen als Patriot daran liegt zu siegen, aber Sie müssen doch selbst sehen, daß diese Partie nicht zu gewinnen ist. Remis! Gehen wir besser nach Hause!"

„Wenn ich Schach sage, dann ist auch Schach!" antwortete er unfreundlich.

Es hatte keinen Zweck, mit ihm zu diskutieren. Mein König rührte sich nicht, anscheinend war er trotz der Nässe eingeschlafen. Ich fürchtete, daß der Schwarze darüber wütend würde und ihm ein Leid zufügen könnte. Deshalb klopfte ich beim König ans Mäuerchen.

„He? Was ist denn los?" rief der Alte im Aufwachen.

„Schach, Opa! Haben Sie denn nichts gehört?"

„Ach so. Ich gehe ja schon!"

Er trottete auf das Quadrat daneben. Der Turm bot ihm sofort von neuem Schach. Vorsichtig und vor allem darauf bedacht, daß ich dem Gegner nicht in die Schußlinie geriete, schob ich den König sanft bis zum Rande des Spielfeldes. Die aus Rauschen und Plättschern gewebte Stille wurde immer wieder von einem heiseren „Schach" unterbrochen.

„Wir gehen nach Hause", rief ich rasch dem schwarzen König zu, als wir uns, Quadrat um Quadrat vorwärtsschiebend, an ihm vorbeibewegten. Er gähnte, wünschte uns eine gute Nacht und ging. Es war bereits so dunkel, daß der rasende Turm nichts merkte.

Als wir am Rande standen, schubste ich unseren König vom Spielfeld, lief auf die Säulengänge zu und zog ihn hinter mir her. Atemlos versteckten wir uns hinter einer Säule. Ich gebot dem König still zu sein und lauschte auf die Geräusche.

Es goß in Strömen. Von dem im Dunkel liegenden Hof her ertönte ein gleichmäßiges Plätschern. Ich wartete auf das Knirschen des Kieses unter den eisenbeschlagenen

Sohlen des Turms, aber nichts dergleichen war zu hören. Wir warteten noch einen Augenblick.

„Aus!“ sagte ich. „Hauen wir ab!“

„Schach!“ brüllte es aus der Dunkelheit unmittelbar hinter unserem Rücken.

Wir liefen querfeldein in Richtung auf das Tor davon. Während wir so rannten, wurde mir seine List klar. Er mußte seine Schuhe ausgezogen und uns in der Dunkelheit auf Strümpfen umschlichen haben.

Ich lief bereits durch die tunnelartige Toreinfahrt und glaubte mich schon entronnen, da merkte ich plötzlich, daß der König, behindert durch das Alter und das ungefüge, von Wasser noch schwerer gewordene Kostüm, zurückgeblieben war. Von dem Echo wie von einem Megaphon verstärkt, erscholl aus dem Gewölbe sein Schnaufen und das Tappen seiner Turnschuhe. Es wurde mir klar, daß wir auf diese Weise nicht entkommen konnten. Halb verrückt vor Angst, hatte ich plötzlich einen Einfall. Ich warf mein Kostüm ab, kehrte um und riß dem alten Mann fieberhaft die königliche Hülle herunter. Dann warf ich sie möglichst weit von uns weg. Die große steife Puppe kollerte über den Boden. Wir sprangen beiseite.

Da kam der Schwarze gelaufen und stieß plötzlich auf das, was er suchte. Er schien stehengeblieben zu sein, denn das Geräusch seiner Schritte war verstummt. Dafür aber hörten wir jetzt, vervielfältigt durch das schwarze Echo, triumphierende, dumpfe Schläge. Der Turm stieß mit dem Messer in die leere Form, in die königlichen Überreste aus aufgeweichter Pappe.

Langsam zogen wir davon. Wir hatten keinen Grund mehr, uns zu beeilen.